다음 세대를 생각하는
인문교양 시리즈

아우름 **27**

진실은
유물에 있다

고고학자,
시공을 넘어 인연을 발굴하는 사람들

강인욱 지음

샘터

유물을 만들고 썼던 사람들과
나누는 대화

　　돌이켜보면 제가 고고학자라는 드문 직업을 가지게 된 동기는 초등학교 3학년 말에 찾아왔습니다. 봄방학 기간에 4학년 교과서를 받았는데, 그중에서 유독 판형도 크고 지면도 컬러인 사회과부도가 눈에 띄었습니다. 겨울방학 내내 사회과부도를 펼쳐 보면서 지도 속 여러 나라를 꿈꾸며 역사에 관심을 가지게 되었습니다. 그 관심은 중고등학교 시절에도 이어져서 고고학과 진학을 결정했습니다. 그리고 제 관심은 한국을 벗어나서 만주, 시베리아 그리고 유라시아 일대로 넓어졌습니다.

　　대학 3학년 때 전공을 본격적으로 공부하기로 마음먹고 학교 박물관을 찾아갔습니다. 당시 자료실에는 수많은 토기편들이 책상 위에 펼쳐져 있었고, 저는 하루 종일 흙구덩이 속에서 그 토기 조각들을 맞추는 작업을 했습니다. 그렇게 하루 종일 토기편을 맞추면서 유물들과 마음의 대화를 시작했습니다. 곧이어 하남 미사리의 모래 땅에서 발굴한 빗살문 토기, 러시아로 유학 가서 발굴한 4000년 전 무덤의 인골 등 수많은 유물이 제 손을 거쳐 갔습니다. 그렇게 제 평생의 직업이 시작되었습니다.

지금도 매년 유라시아의 여러 나라를 다니면서 유물을 조사하고 여러 학자들과 과거 인류의 모습에 대해서 토론하며 살고 있습니다. 저는 고고학이란 '다양한 시간과 공간에 살던 사람들의 모습을 유물을 통해 밝히는 학문'이라고 생각합니다. 즉, 유물과 유적이 목적이 아니라 그것을 만들고 썼던 사람들을 연구하는 학문입니다. 지금도 새로운 유물과 유적을 보면 가슴이 뛸 정도로 기쁩니다. 그 유물을 만들었던 사람들과 만날 수 있기 때문입니다. 이렇게 어려서부터 좋아하던 것을 평생의 일로 삼았으니 저는 참 운이 좋다고 생각합니다.

그런데 제가 이렇게 좋아하고 흥미를 갖는 분야인 고고학이 일반인들에게는 참 어렵게 느껴집니다. 고고학 관련 책은 유독 일반 독자나 입문하는 학생들에게 적합한 책이 없습니다. 유물을 설명하는 용어들이 너무 전문적이기 때문에 쉽게 읽을 수 없다는 평이 많았습니다. 그래서 손에 들어도 무겁지 않지만 읽고 나면 고고학에 대한 관심과 생각을 부를 수 있는 책을 만들고 싶은 소망이 있었습니다. 그러던 중 이번에 샘터사의 제안을 받고 무척 기뻤습니다.

이 책의 기본 내용을 이루는 것은 지난 2016년에 월간 《샘터》에 1년간 연재한 〈고고학이 살아있다〉라는 칼럼입니다. 여기에 지난 5년간 유라시아 각국을 다니면서 새로운 유물들을 보고 그때그때 떠오르는 단상들을 개인 블로그에 조금씩 기록해 둔 것도 보탰습니다. 여러 신문에 쓴 칼럼을 다시 손본 것도 일부 있습니다.

이 책이 나오기까지 많은 분의 도움을 받았습니다. 처음《샘터》에 연재를 권유한 월간지 편집실 여러 선생님들에게 감사드립니다. 그리고 이 책을 아우름 시리즈로 기획하고 구성한 단행본 편집부 여러분께도 감사드립니다.

사방을 정신없이 다니면서 습작처럼 모아 둔 고고학의 노트들을 하나의 책으로 편집하는 과정은 마치 고고학의 한 장면을 보는 것 같았습니다. 편집의 고고학이라고 할까요. 사방에 흩어진 토기편을 붙여서 하나의 그릇으로 복원하는 것과 같은 정성스러운 편집으로 이 책이 나오게 되었습니다.

이제 중학교에 입학하는 아들 재민이에게, 사방을 다니느라 집에 거의 붙어 있지 않은 탓에 아버지 노릇을 제대로 못한 미안한 마음을 이 책으로 대신 전합니다.

저와 《샘터》의 인연은 40여 년 전으로 거슬러 올라갑니다. 책을 좋아하던 어머니는 언제나 《샘터》를 곁에 놓고 읽으셨고, 저도 어깨 너머로 따라 읽으며 글을 읽고 쓰는 것을 배웠습니다. 여러 소중한 인연이 되어 주신 분들께 다시 한 번 감사드립니다.

2017년 12월 16일 중국 선양에서
강인욱 드림

| 차 례 |

제2부 고고학자의 노트

제1부

마음은
사라지지 않는다

1장.

사랑과
슬픔

초원의 빛은
어디서 왔을까

20년 전 시베리아로 유학을 가서 만난 첫 번째 발굴장은 서부 시베리아의 '바라바'였다. 바라바는 거대한 평원 지대로 5월이면 겨우내 쌓인 눈이 녹아 길은 진창이 되고 천지 사방은 모기로 들끓는다. 사람이 쉽게 접근하기 어려운 지역이건만 군데군데 솟아 있는 언덕에는 고대부터 사람이 살던 유적이 많았다.

우리 발굴단은 6월부터 서리가 내리는 9월 말까지 군용 텐트를 치고 삽 몇 자루로 무덤을 발굴했다. 발굴도 힘들었지만 자작나무 장작을 직접 패 식사 당번을 하는 것도 고역이었다. "힘들게 공부해서 유학 간다더니 겨우 시베리아 벌목공으로 살았느냐"고 농담하는 친구도 많지만, 내게는 평생을 두고 간직할 소중한 기억이다.

　우리가 발굴한 유적 중에는 약 4000년 전 만들어진 청동기 시대 마을의 공동묘지도 있었다. 이 유적에선 마주 보고 손을 부여잡은 채 누운 모자母子의 무덤도 발굴됐다. 가족으로 생각되는 어른의 무릎 위에 아이를 올려놓은 무덤도 같은 시기에 나왔다.

　수십 개의 인골을 발굴하고 수백 개의 인골을 본 나도 서로 부둥켜안은 자세로 묻혀 있는 어머니와 아들 앞에서는 가슴이 먹먹해졌다. 저세상에서까지 자식을 보듬어 안은 어머니와 그 품의 자식, 그리고 그들의 손을 꼭 쥐게 해서 저세상으로 보내야 했던 가족의 슬픔과 고통이 수천 년의 시간을 뛰어넘어 전해졌기 때문이다.

　삶이 각박한 초원에서 무덤은 살아 있는 가족의 정을 다지는 곳이기도 했다. 초원의 유목민은 집 없이 1년 내내 사방을 돌아다니기 때문에 다 같이 모이는 고향이란 게 없다. 넓은 초원에 흩어져 살다 보니 제대로 얼굴 보기도 어려운 유목민들은 겨울 목초지에서 여름 목초지로 이동할 때 조상의 무덤이나 암각화 앞에 모여 새로운 무덤을 만들고 제사를 지내며 정을 나눴다. 그렇게 모였을 때 아이들은 주변 바위 위에서 뛰어놀았고 할아버지들은 조상의 무용담을 전해주었다. 몽골과 시베리아 초원 어디를 가도 돌로 만든 무덤이며 암각화가 많은 이유가 여기에 있다.

진시황의 무덤처럼 권력을 동원해서 거대한 고분을 만드는 경우도 있었지만, 대부분의 무덤은 먼저 떠나간 사람에 대한 사랑의 표현이었다. 무덤 속 보물도 사실은 먼저 떠난 사람이 저승에서도 편히 살기를 바라는 마음에서 남은 사람들이 넣어 준 선물이었다.

내가 유학을 했던 1990년대 중반 러시아는 최악의 경제난을 겪고 있었다. 무법천지였고 모든 생필품이 궁했다. 바라바를 발굴할 때는 우리도 러시아과학원의 재정난 때문에 해를 넘긴 감자와 메밀을 먹어 가며 거의 맨손으로 고분을 발굴해야 했다.

| 카자흐스탄 탐갈리 암각화. 잔치를 벌이는 3천 년 전 유목민의 모습이 담겨 있다.

진실은 유물에 있다

쉬는 날이면 교수님은 너구리나 오리 사냥으로 단백질을 보충했고, 우리는 주변 농가에서 감자를 캐주고 대신 달걀이나 보드카를 얻어먹곤 했다. 보드카도 구하기 어려워 97도짜리 알코올 주정을 사 와서 물에 희석해 수제手製 보드카를 먹는 팀원도 있었다. 심지어 현장 안전을 감독하러 온 마을 경찰이 우리 발굴단의 딱한 사정을 보곤 가끔 들러서 통조림이며 맥주를 놓고 갔다. 그래도 발굴단원들은 너 나 할 것 없이 서로 도우며 지냈기에 내게 시베리아 발굴의 시간은 힘들었지만 즐거웠던 추억으로 남아 있다.

맨주먹 칭기즈칸이 한 줌도 안 되는 몽골 병사를 이끌고 단기간에 유라시아 전역을 정복한 배경에 대해 흔히 발달한 무기와 기마술을 이야기한다. 하지만 더 중요한 것은 칭기즈칸의 리더십과 몽골 군대 조직이었다. 몽골 군대의 강력함은 다친 병사를 보호하고 새로운 병사를 빠르게 조직의 일원으로 만드는 유목민의 생존 방식에서 나온 것이다.

가수 남진이 부른 노래 가사 '저 푸른 초원 위에'와 달리 초원은 척박한 곳이다. 초원의 아름다움은 짧은 여름의 아름다운 자연 풍광에만 있는 것이 아니다. 살기 힘든 자연 속에서 서로 도우며 삶을 영위한 유목민들의 문화가 그곳에 살아 숨 쉬기에 더욱 아름다운 것이다. 시베리아 횡단열차를 타거나 몽골 초원에 다녀온 사람이라면 손님 접대에 정성을 다하는 현지인의 따뜻한 마음을 기억할 것이다. 한국 사람이라고 특별히 잘해주는 것도 아니고 대가를 바라서도 아니다. 혹독한 환경에서 서로 돕고 사는 것이 일상화되었기 때문이다.

언제부터인가 우리 주변에서 '고독'이란 말이 보편화되고 있다. 전문가들은 이구동성으로 우리 사회의 고독화가 더 빠르게 진행될 것이라고 한다. 배고프고 힘들었던 시베리아 발굴장의 푸른 초원이 더욱더 그리워질 것 같다.

진실은 유물에 있다

불씨를
나누는 마음

유난히 춥고 을씨년스러운 초원의 밤. 중앙아시아 일대의 유목민들은 추위를 물리치고 맹수의 습격으로부터 가축을 보호하기 위해 밤새 모닥불을 피웠다. 컴컴한 밤에 의지할 것이라고는 모닥불밖에 없었던 초원의 목동들에게 불은 자연스럽게 숭배의 대상이 되었다. 이는 하나의 종교로 발전해 흔히 배화교拜火教라고도 불리는 조로아스터교로 뿌리내렸다.

신성한 불을 통해 몸과 마음을 정화하는 의식으로 유명한 조로아스터교의 이름은 창시자인 조로아스터의 이름을 따서 지어졌지만 그가 실존 인물인지는 불분명하다. 게다가 조로아스터교가 생기기

전인 기원전 7세기 페르시아 제국의 다리우스 1세 때 이미 그의 이름이 등장한다.

조로아스터교의 등장을 알리는 증거는 뜻밖에도 중앙아시아가 아닌 중국에서 발견되었다. 2013년, 중국 신장성의 파미르 고원 지역인 타시쿠르간에 있는 기원전 600년경의 무덤에서 조로아스터교와 직접적인 관련이 있는 유물이 발굴된 것이다. 그건 바로 불씨를 담는 나무 그릇이었다. 돌을 둥그렇게 쌓아 제사 지내는 터를 만들고 그 안에 무덤을 만든 형태였는데, 엄마와 아들의 시신 주변에서 나무 그릇이 함께 발견되었다.

이 지역의 유목민들이 올림픽 성화처럼 함께 모여 불을 피운 다음 불씨를 서로 나누는 의식을 행하고 그 불씨를 묻은 것으로 추정된다. 파미르 고원에서 평생 추위에 떨며 살던 모자가 저승에서는 따뜻한 불을 피워 놓고 편하게 살기를 바란 산 자들의 마음은 아니었을까.

타시쿠르간에서 이 무덤이 발견된 후 중국은 조로아스터교의 기원이 현재 자국 영토 내의 파미르 고원이라 주장하고 있다. 하지만 유목 문화가 파미르 고원에 등장하기 전인 5000년 전부터 중앙아시아 일대에서는 불을 숭배했던 흔적이 발견되고 있다. 지금도 시베리아 알타이의 샤먼(무속인)들은 침엽수 가지를 태우며 사람들 주변을 돌고 난 뒤, 그 연기를 마시는 의식을 치르곤 한다. 이런 과정이 악한 기운을 쫓는다고 믿기 때문이다.

조로아스터교에 대해서만큼은 정확한 기원을 찾으려 목소리를 높이기보다 당시 유목민들이 불을 대하던 마음을 한 번 더 헤아리는 것이 의미 있지 않을까 생각한다.

조로아스터교는 당시 마니교, 기독교의 일파인 네스토리우스교와 함께 실크로드의 3대 종교로 불릴 정도로 영향력이 컸다. 그러나 중국은 물론 발해나 신라까지 퍼져 나갔던 네스토리우스교와 달리 조로아스터교 신자들은 현재 거의 남아 있지 않다. 다만 인도에 사는 '파르시'라는 사람들 사이에서 그 명맥이 유지되고 있다.

'페르시아 계통의 조로아스터교를 믿는 인도 주민'이라는 뜻의 파르시 민족은 사산 왕조의 페르시아가 서기 720년에 망하고 새롭게 등장한 무슬림들이 조로아스터교를 탄압하자 이를 피해 인도로 도망친 사람들의 후예이다. 비록 소수민족이었지만 실크로드의 유대인으로 불릴 만큼 경제관념이 밝고, 자신들의 종교를 지키기 위해 부단히 노력해 조로아스터교의 명맥을 이어왔다.

우리에게 조로아스터교는 교리보다 니체의 저서 《차라투스트라는 이렇게 말했다》 혹은 그를 모티브로 한 음악인 리하르트 슈트라우스의 동명 교향시로 더 유명하다. 하지만 니체의 책은 실제 조로아스터와 관계가 없으며, 조로아스터교가 낳은 최고의 인물로는 슈트라우스보다 영국 록 그룹 퀸의 리드싱어인 프레디 머큐리가 꼽힌다.

불꽃처럼 살다가 40대 중반에 세상을 떠난 프레디 머큐리의 유해는 독실한 조로아스터교인인 가족들에 의해 조로아스터교 의식에 따라 안장되었다. 동서양을 이었던 실크로드의 후예답게 프레디 머큐리의 음악은 동서양 구분 없이 모든 이의 사랑을 받았으니, 실크로드가 낳은 최고의 록 스타라 해도 과언이 아닐 듯하다.

겨울은 따뜻한 불이 그리워지는 계절이다. 조로아스터교를 믿지 않더라도 따뜻한 불은 추위로 떠는 이웃들에게 곧 신의 사랑이기도 하다. 올겨울에는 내가 가진 작은 불씨를 주변에 전하는 여유를 가져 보는 건 어떨까.

| 유골 사이에 있는 불씨를 담던 나무 그릇. 중국에서 발견된 조로아스터교의 유물이다.

진실은 유물에 있다

도굴꾼인가
사위인가

'부마駙馬'라는 말은 원래 말을 관리하는 벼슬을 뜻하는데, 왕의 사위를 일컫기도 한다. 서기 4세기에 기록된 《수신기搜神記》에는 부마라는 명칭과 관련된 '황금 베개' 이야기가 담겨 있다.

전국 시대 말기에 신도탁이라는 젊은이가 유학길에 올랐다가 돈이 떨어져서 헤매던 중 어느 집에 들어가서 젊은 여인에게 음식을 구걸했다. 그러자 그 여인은 슬픈 얼굴로 자기는 진나라 민왕閔王의 딸로 조曹나라에 시집갔지만 식도 올리기 전에 남편과 사별하고 23년째 혼자 지내고 있다고 했다. 신도탁은 3일 동안 이 여인과 시간을 보내고 헤어졌다. 헤어지면서 여인은 사실 자신은 산 사람이 아니라며 정표로 황금 베개를 주었다.

그 후 신도탁은 음식을 사기 위해 여인이 준 황금 베개를 팔다가 여인의 어머니인 진나라의 왕비에게 발각되어 체포되었다. 도굴꾼으로 모는 왕비에게 신도탁은 눈물로 자초지종을 설명했다. 그의 이야기를 들은 왕비가 공주의 무덤을 파보니 실제로 딸이 신도탁과 정을 통한 흔적이 있었다. 그때부터 왕비는 신도탁을 실제 사위로 인정하고, 그를 '부마도위'라는 높은 벼슬에 임명했다. 그 이후로 왕의 사위를 부마로 칭하게 되었다.

신도탁에게서 의심의 눈초리를 거두게 만든 흔적은 무엇이었을까. 바로 시신의 흐트러진 옷매무새였다. 도굴꾼이 판을 치던 당시, 그것만으로 단번에 사위로 인정했다는 부분은 이해하기 어렵다. 한눈에 봐도 도굴의 증거였을 텐데 말이다. 갓 묻힌 시신에서 귀금속을 떼어내기 위해 시신을 이리저리 뒤집고 옷을 풀어헤쳤을 가능성이 크기 때문이다.

진나라 공주를 비롯해 당시 무덤의 주인들은 대부분 어려서 정략결혼을 빌미로 다른 나라에 팔려갔다가 제대로 결혼도 못 해보고 죽은 이들이었다. 그러니 부모들의 한이 오죽 컸겠는가. 아마 당시에 구할 수 있는 보물이란 보물은 모두 고분에 넣었을 것이고, 당연히 사방의 도굴꾼들에게는 좋은 먹잇감이 되었을 것이다. 무덤을 만든 쪽에서는 행여 도둑이 무덤을 탐할까 늘 예의주시했다. 그럼에도 불구하고 신도탁과 딸의 사랑을 믿은 진나라 왕비. 딸을 멀리 시집 보내 요절하게 만든 부모 입장에서 공주가 죽어서나마 행복하기를 바랐던 것은 아닐까.

이 황금 베개 이야기는 실제 고고학 자료로도 증명되었다. 바로 1965년, 중국 랴오닝성에서 발굴된 풍소불 부부의 무덤이다. 풍소 불은 고구려와 이웃하여 경쟁하던 북연을 건국한 풍발의 첫째 동생 이다. 풍소불은 서기 415년에 죽었고, 그의 부인도 그 옆에 같이 묻 혔다. 부인 무덤의 인골을 분석한 결과 20~30대의 젊은 여성으로 판명되었다.

보통 무덤의 인골은 위를 향하여 반듯하게 눕는 게 정상인데, 부 인의 인골은 특이하게도 한쪽 팔을 밑으로 하고 엎어진 채로 발견되 었다. 또 무덤에는 토기 정도만 남아 있고 귀중품은 발견되지 않았 다. 이를 증거로 부인이 묻히자마자 시신이 육탈되기도 전에 누군가 가 도굴을 했고, 옷에 붙어 있거나 시신 밑에 있는 금붙이를 찾기 위 해 시신을 옆으로 들어 엎었다고 결론지었다.

무덤 속이라 하면 을씨년스럽고 괴기한 느낌이 든다. 그럼에도 옛날부터 도굴은 끊이지 않았다. 현실에서 재화를 얻고 싶어 하는 인간의 욕망은 두려움도 물리치나 보다. 한국에서도 백제 무령왕릉이나 신라 고분인 대릉원을 제외하고 대부분이 도굴되었다. 찬란한 황금 문화로 유명한 초원의 스키타이 문화를 살펴봐도 오히려 황금이 묻혀 있던 바람에 도굴꾼들의 표적이 되었다.

흔히 '저승 갈 때 돈 가져갈 것 아니니 재물에 욕심내지 말라'는 말들을 한다. 수많은 무덤이 그 평범한 진리를 되새기게 한다.

| 도굴꾼의 표적이었던 모용선비족의 황금 장식.

진실은 유물에 있다

초원의 왕도
벌벌 떨게 만든 것

'앓던 이가 빠진다'는 속담이 있을 정도로 아파 보지 않으면 모르는 게 치통이라고 한다. 고대 초원의 전사들이라고 치통에 예외일 리 없었다. 오히려 매일 질긴 고기를 씹고, 흔들리는 말 위에서도 이를 악물고 활시위를 당겨야 했으니 각종 치통에 시달렸을 것이다. 이를 증명이라도 하듯 초원 전사들의 치통에 관한 재미있는 자료가 하나 있다.

200여 년 전 크림 반도 쿨 오바라는 곳에서 대형 고분 하나가 발굴되었다. 스키타이 왕족의 무덤으로, 한 명의 왕족과 그를 보좌하는 두 명의 부하가 같이 묻혀 있었다. 고분에서는 수많은 유물이 함께 발견되었는데 그중 으뜸은 단연 왕족 옆에 놓인 황금 단지였다. 타출기법(금속을 안팎으로 두드려 문양을 도드라지게 표현하는 금속 장식 기법)을 사용해 화살을 수선하거나 부하에게 무용담을 들려주는 전사들의 일상을 생동감 있게 표현한 황금 단지는 가히 걸작이었다.

그런데 의아한 장면 하나가 눈에 띈다. 나이 지긋한 왕족님께서 체면이고 뭐고 없이 겁에 질린 얼굴로 입을 벌려 이를 뽑고 있다. 동그랗게 뜬 눈에는 눈물이 그렁그렁 맺혀 있고, 이를 뽑아 주는 사람을 부여잡고 부들부들 떨고 있다. 보고만 있어도 그 아픔이 전달되는 느낌이다.

이를 뽑고 있는 사람은 머리 스타일이나 수염의 형태로 보아 전문 의사가 아닌 젊은 전사로 보인다. 왕족의 부하쯤 될 듯한 초원의 치과의사는 감정의 동요 없이 냉철하고 침착하게 검지와 엄지를 사용해 이를 뽑고 있다. 복장 또한 허리에 화살통과 칼을 그대로 차고 있다. 전쟁 중에 급하게 이를 뽑고 있다는 사실을 짐작할 수 있다.

고분 주인의 유골을 분석한 결과, 생전에 이미 이 두 개가 빠진 흔적이 남아 있었다고 하니 아마 왕족의 경험을 그대로 표현했을 가능성이 크다. 앓던 이가 빠진 심정이 얼마나 후련했기에 무덤까지 가지고 가는 귀한 황금 단지에 그 장면을 새겼을까. 그만큼 치통이 초원의 전사들에게 심각한 문제였다는 뜻도 된다. 험한 초원에서 사방을 이동하며 사는 유목인이니 얼마나 이를 혹사했을지, 또 제대로 된 치료를 받기가 얼마나 어려웠을지 알 수 있다.

한 가지 재미있는 건 이 단지가 발견된 쿨 오바라는 곳이 크림 반도에 위치해 있다는 사실이다. 지금도 러시아와 우크라이나는 이 지역을 두고 영토분쟁 중이니 양쪽 모두에겐 '앓고 있는 이'인 셈이다. 2500년 전 스키타이 왕족의 황금 단지가 마치 현재 상황을 예언하고 있는 듯하다.

사실 이[齒]는 고고학자들에게 친숙한 유물 중 하나다. 사람의 인골 중에서도 가장 오랫동안 남아 있는 부분이기 때문이다. 뼈가 부패하기 쉬운 우리나라의 산성토양에서도 다른 인골은 다 사라져도 이 몇 개는 썩지 않고 남아 있는 경우가 제법 있다. 자그마한 이 하나에도 수많은 정보가 담겨 있기 때문에 고고학자들은 이를 바탕으로 연구를 진행한다.

최근 알타이 산맥의 데니소바 동굴에서 20만 년 전에 살던 새로운 인류가 발견되어 학계가 흥분에 휩싸인 적이 있었다. 후에 이 인류는 '호모 알타이엔시스'라는 새로운 이름을 얻었는데, 정작 데니소바 동굴에서 발견된 것은 어린아이의 깨진 어금니 한 개뿐이었다.

예로부터 용맹한 초원의 전사도 이 하나에 눈물 흘렸고, 인류 기원의 비밀도 이 하나에서 실마리를 찾을 수 있다. 부모님 칠순잔치 준비하려면 진수성찬 다 필요 없고 부모님 이부터 챙기라는 이야기처럼 지금은 효도의 상징이 되기도 한다.

이처럼 이 하나에도 다양한 이야기가 함께한다. 특히나 고고학자들에게 이는 인류의 지난 이야기를 담고 있는 소중한 타임캡슐 같은 존재다.

| 스키타이 왕족의 무덤에서 발견된 황금 단지에는 이를 뽑는 장면이 생생하게 표현되어 있다.

진실은 유물에 있다

알타이 얼음공주의
인생

중앙아시아의 고원 지대에 위치한 알타이 산맥은 우리에게 알타이 어족이라는 말로도 친숙하다. 사실 이곳은 한국인과 직접적인 관련은 없는 장소지만 카자흐스탄, 몽골, 러시아, 중국의 국경지대에 위치한 탓에 동서 문명의 교차점으로 오래전부터 주목받았다.

러시아 쪽 알타이 산맥 부근부터 중국과 접경한 '우코크'라 불리는 고원 지대에 이르는 한 지역에서 2500년 전 묻힌 20대 여성의 미라가 발견되었다. 미라는 얼음 속에서 완벽하게 보존돼 있었다. 미라와 함께 옷과 약초들이 발견되었고, 몸 위에 새겨진 문신이 오랜 시간이 지났음에도 생생히 남아 있어 전 세계 고고학자들을 흥분의 도가니에 빠뜨렸다. 미라에는 곧바로 '알타이의 얼음공주'라는 별명이 붙여졌다.

남성 전사 중심의 유목사회에서 당시 이 여성의 사회적 위치는 참 독특했다. 이 여성이 살던 '파지릭 문화'라 불리는 유목 문화권에는 여성의 무덤이 별로 없으며, 있어도 남성과 똑같은 무기를 갖춘 여전사의 경우가 대부분이다. 그런데 이 얼음공주는 다른 전사의 무덤과 따로 떨어져서 약초, 의식용 유물들과 함께 묻혔으니 공주가 아니라 제사를 주재하던 사제였던 것으로 추측된다.

MRI 같은 현대의학 기기로 사인을 추적해 보니 그녀는 어려서부터 골수염을 앓아 거동이 불편했으며, 나중에는 유방암으로 고생했음이 밝혀졌다. 그러나 유목민이었던 그녀는 병원이나 요양소에서 제대로 된 치료를 받지 못했다.

얼음공주는 허약한 몸을 이끌고 여름 목초지로 이동하다 말에서 낙상해 그해 겨울 세상을 떠났다. 영하 30~40도를 오가는 초원의 겨울 날씨에 땅을 파고 무덤을 마련할 수 없어 측근들은 우선 시신을 미라로 만들어 원래 살던 유르트(천막)에 모셔 두었다. 그리고 다음 해 6월 땅이 녹고 나서야 무덤을 만들고 얼음 속에 그녀를 안치했다.

초원의 기마인 하면 떠오르는 전사들의 황금 가득한 무덤뿐 아니라 삶과 죽음의 경계에서 힘들게 문명을 꽃피웠던 흔적도 아직 곳곳에 남아 있음이 얼음공주 미라로 인해 증명된 셈이다.

그런데 이 미라가 세계적인 명성을 얻은 직후 알타이 원주민들은 미라를 다시 묻어야 한다고 항의하기 시작했다. 자신들의 조상인 얼음공주의 안식을 방해했으니 나라에 조만간 큰 화가 닥칠 것이라고 알타이의 샤먼들이 경고했기 때문이다.

우연의 일치인지 미라가 발굴된 지 10년 뒤인 2003년에 실제로 우코크 고원 근처에서 진도 7.2의 큰 지진이 일어났다. 이어 2012년과 2016년에도 연달아 강진이 발생했다. 천재지변이 일어날 때마다 지역 언론들은 샤먼의 예언을 대서특필했고, 결국 러시아 정부는 2012년 얼음공주를 알타이공화국에 반환했다.

물론 미라를 원래 발굴된 지역으로 반환하는 것은 당연하지만, 과거 유목민의 생활을 연구할 수 있는 중요한 자료가 단순히 미신 때문에 재매장될 상황에 처하는 건 고고학 분야의 비극이다.

사실 현재 알타이인들이 우코크 고원 지역으로 이주한 건 파지릭 문화권의 주민들이 흉노, 투르크, 몽골 시대를 거치면서 다양한 사람들과 함께 살기 시작한 16세기 이후이기 때문에 지금의 알타이 원주민들은 이 미라와 전혀 관계가 없다. 하지만 사람들은 지진에 대한 불안감을 해소하기 위해 어떻게든 구실을 찾아야 했고, 미라가 여기에 동원된 것이었다.

고고학의 목적은 화려한 보물찾기가 아니라 과거 사람들의 삶을 밝혀내는 것이다. 겉보기엔 흉해도 과거 인간의 삶에 대한 정보가 담겨 있는 미라는 무엇보다 소중한 유물이다. 한국도 최근 문화재의 보고인 경주를 중심으로 몇 번의 지진이 발생해 시민은 물론 관련 분야 전문가들의 걱정이 커지고 있다. 이런 때일수록 냉정하고 침착하게 우리가 처한 현실을 한 번 더 되돌아보는 계기로 삼았으면 한다.

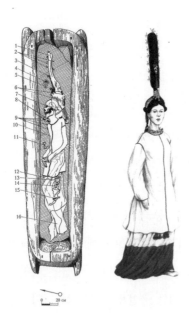

| 알타이 얼음공주의 매장 모습을 담은 복원도. 2500년 전에 잠든 그녀는 얼음 속에서 완벽하게 보존된 채로 발견돼 전 세계 고고학자들의 주목을 받았다.

진실은 유물에 있다

영생을
얻는 법

최근에 본 영화 중 인상 깊었던 영화는 〈루시〉이다. 당시 영화에 대한 평은 호불호가 엇갈렸는데, 어렵다는 평이 좀 많은 듯했다. 어쨌든 나에게는 최고의 영화였다. 뇌의 능력이 점점 증가한다는 설정이야 그리 대단한 상상력이라고 할 수 없겠지만, 내가 이 영화를 최고로 꼽는 이유는 바로 영화의 결말부 때문이다. 영화 마지막에 주인공 루시는 뇌의 능력을 100% 사용할 수 있게 되고, 그 자신이 컴퓨터가 되어 버린다. 기발한 발상으로 우리의 뒤통수를 치는 뤽 베송 감독답게 강렬한 엔딩으로 쉽지 않은 영화를 부드럽게 마무리했다.

〈루시〉의 엔딩은 죽어서 사라져야 하는 숙명인 인간이 태고 이래로 영생을 얻고자 추구해 온 갖가지 방법의 또 다른 예를 보여 준다. 인간이 남긴 수많은 무덤에서 발견되는 고고학 자료는 바로 인간이 자신의 존재가 소멸되는 것에 본능적인 위기감을 느끼고, 죽은 이후에도 삶이 있다고 믿어 온 결과물이다.

그러한 믿음을 표현하는 방법, 즉 무덤을 만드는 방식은 서로 완전히 다르다. 예컨대 어떤 사람들은 그 육신이 썩어 없어지지 않는 것을 영생의 증거로 생각한다. 바로 이집트 미라가 나온 배경이기도 하다. 육신이 그대로 보존되는 한 사람은 죽지 않는다고 생각한 것이다.

이와 정 반대로 영혼이 떠난 육신을 깔끔하게 없애는 방식으로 이 세상을 떠난 사람의 영생을 기원하는 경우도 생겨났다. 화장, 풍장 등이 그 좋은 예이고 한국의 경우도 무덤을 쓸 때 물 빠짐이 좋아서 육신이 빨리 사라지는 것을 선호한다.

그렇다면 육신이 사라지는데 그 사람의 영생을 어떻게 증명할 수 있을까? 죽은 사람의 영혼이 특정한 육신에 깃들어 있는 것이 아니라 삼라만상에 편재遍在(도처에 있음)한다고 보게 되었다. 바로 기독교에서 이야기하는 성령의 등장이다. 예수가 십자가에서 돌아가시고 다시 부활한 것에 대해서 네스토리우스와 키릴은 그의 신성과 인성이 어떻게 부활했는지에 대해서 논쟁을 벌였다. 심지어 예수의 신성을 부정하던 아리우스파도 존재했었다. 어쨌든 초기 기독교는

진실은 유물에 있다

예수의 신성과 인성이 공존한다고 결론을 내렸고, 그가 부활하여 다시 하늘로 올라가면서 이 세상에 편재하는 성령으로 남겨졌다고 보았다.

구글의 CEO는 인터넷이 조만간 사라질 것이라는 예언을 했다. 굳이 컴퓨터를 켜고 접속을 해서 인터넷에 들어가는 것이 아니라 우리가 사용하는 모든 물건이 곧바로 인터넷에 연결될 것이기에 인터넷이라는 매체를 사용한다는 의식 자체가 사라지게 될 것이라는 내용이다. 인터넷이 존재의 일부가 되어 역설적으로 인터넷이 사라지는 시대는 이제 머지않을 것이다. 인공지능인 AI의 등장도 가시권에 들어왔다.

컴퓨터가 고속의 발전을 거듭하다 결국은 컴퓨터가 사라지는 시대가 되는 것으로, 이는 이미 수많은 매체에서 예언해 오던 상황이다. 물질적 존재를 추구하다가 반대로 그 부재가 실체의 증거로 바뀌는 과정은 사람의 영혼이 육신에 속하지 않는 순간 이 세상에 편재하게 된다는 사상과도 비슷하지 않은가.

영화 〈루시〉의 엔딩은 내가 고고학적으로 만나 본 수많은 장례의 모습과 너무나도 유사하다. 주인공이 컴퓨터 속으로 사라지는 이영화의 마지막은 결국 기독교적 부활관을 디지털로 표현한 것이다.

이 마지막 장면에서 주인공 루시의 몸은 마치 《잭과 콩나무》에서 급속히 자라는 나무줄기처럼 뻗어나간다. 사람이 나무가 되어서 하늘로 사라지는 모습은 전통적으로 세계수world tree의 사상으로 구현되었다. 사람을 묻을 때 목관 대신 힘들게 통나무를 관으로 만들어서 묻은 것도 사람이 나무처럼 하늘로 올라가기를 바란 모습이다. 훈족 시대(서기 5~6세기)에 티베트, 키르기스스탄, 중국 신장성 등에서는 죽은 사람의 얼굴에 황금 마스크를 덮었는데, 바로 그런 마스크에 나무 형태의 무늬가 새겨져 있다.

후에 티베트 사람들은 무덤을 만드는 대신 망자의 시신을 독수리에게 주는 천장(또는 조장)을 하게 되었다. 티베트의 천장은 장엄하기보다는 엽기적이고 징그러울 정도이다. 죽은 사람의 육신이 지상에 남지 않도록 자잘하게 토막을 내고 심지어는 참파(보릿가루) 반죽을 같이 섞어서 깔끔하게(?) 먹어치우게 도와준다. 처음 보는 사람들은 차마 눈 뜨고 볼 수 없을 정도로 징그럽지만, 자신이 사랑하는 가족이 독수리로 변해서 하늘로 날아가는 것을 보며 유가족들은 안도했을 것이다.

순식간에 그 형체가 사라져서 하늘로 기화氣化하는 모습은 사실 루시가 컴퓨터화해서 사라지는 모습과 유사하다는 느낌이 든다. 그렇게 형체 없이 사라져 버린 망자가 이 세상에 편재ubiquity한다고 믿으며 유가족들은 안도할 수 있을 것이다.

그러고 보니 〈루시〉는 너무나도 고고학적인 영화인 듯하다. 단

진실은 유물에 있다

순히 무덤에서 유골을 캐는 고고학이 아니라, 삶의 끝을 두려워하면서도 그것을 새로운 출발로 만들고자 하는 인간의 본능이 숨겨져 있는 영화이기 때문이다.

| 파지릭 고분의 양탄자에 새겨진 여사제와 그 옆의 영생을 뜻하는 세계수. 영화 〈루시〉 마지막에 스칼렛 요한슨이 컴퓨터로 바뀌는 장면에서 무언가 데자뷰를 느꼈는데, 그것은 바로 세계수의 이미지였다.

고고학자가 말하는
나이 듦의 가치

유명한 추리소설가 애거사 크리스티는 나이 마흔에 열네 살 연하였던 고고학자 맥스 맬로원과 두 번째 결혼을 했다. 범상치 않은 그들의 결혼에 대한 기자들의 질문에 부부는 '고고학자는 오래될수록 흥미를 더 느끼니 여자에겐 최고의 남편감'이라는 재치 있는 답변을 내놓았다. 실제로 크리스티가 85세로 죽을 때까지 이 부부는 금실 좋게 살았다. 게다가 서로의 일에도 큰 도움을 주었으니, 《메소포타미아 살인사건》을 비롯한 그녀의 여러 추리소설에 고고학이 많이 등장하는 것도 이 때문이다.

흔히 고고학을 값진 보물을 캐는 직업으로 생각하지만, 정작 고

진실은 유물에 있다

고학에서는 유물보다는 유물이 놓인 위치, 즉 층위를 기록하는 것이 더 중요하다. 유물이 아무리 귀하다 한들 발견된 위치를 모른다면 그 유물을 만들어 낸 인간들의 역사를 제대로 밝힐 수 없기 때문이다. 고고학자들에게는 화려한 보물보다는 한자리에서 살아온 수천 년 인간의 역사가 더 소중하다.

사람이 늙는다는 것도 마치 고고학의 층위처럼 인생의 경험이 한 층 한 층 쌓여 가는 과정이다. 사람이 노화된다고 과거의 경험과 기억이 결코 사라지는 것은 아니다. 마치 풀숲에 가려진 옛 유적처럼 그들의 지혜는 무의식의 저편에 묻혀 있다가 필요할 때에 발현되기 때문에 동서양을 막론하고 인류는 언제나 늙은이의 지혜를 믿어 왔다.

그렇지만 전근대 사회에서 인간의 수명은 매우 짧았기에 늙어 가는 것은 극히 소수에게만 주어진 기회였다. 동북아시아 최초의 청동기 시대인 4000년 전 샤쟈뎬夏家店 하층 문화의 무덤 유적인 다뎬쯔에서 700여 기의 무덤에 묻힌 인골을 분석한 결과 그중 40대 이상은 10% 이하였다.

문명의 발생 이후에도 여전히 늙어 가는 것은 운 좋은 소수에게만 가능했다. 인생 100세를 넘보는 지금의 고령화 사회는 지난 수백만 년의 역사에서는 겪어 보지 못한 새로운 경지다. 더욱이 의학의 발달로 수명뿐 아니라 지적인 능력도 계속 유지가 된다. 예전에는 진즉에 은퇴했을 법한 백발의 전문가들이 녹슬지 않은 전문 지식에 연륜을 더해 사회 곳곳에서 활동하는 것을 그리 드물지 않게 볼 수 있다. 고고학의 층위처럼 쌓인 인간의 지혜와 경험이 유감없이 발휘될 수 있다는 점에서 축복이 아닐 수 없다.

하지만 늙어 가는 모습이 언제나 아름다운 것은 아니다. 자신들의 젊을 때 경험과 생각을 앞세우며 막무가내로 자기주장을 내세우는 일부 노년 세대도 있고, 반대로 늙은 세대가 자신들의 기회를 빼앗아 간다고 갈등의 각을 세우는 일부 젊은 세대도 있다. 이런 모순은 늙어 감을 지혜의 축적보다는 생산성의 퇴보로만 생각하는 사회적 통념과도 관계있다.

그러니 사람들은 늙음을 거부하려고 한다. 동안 열풍도 결국은 쓸모없는 늙은이가 되기를 거부하려는 열망이 표현된 것이다. 흔히들 나이는 숫자에 불과하다고 한다. 원래 나이에 관계없이 인생을 적극적으로 살라는 말이지만 요즘은 늙음을 거부하는 뜻으로 더 많이 쓰인다. 사실 세상 모든 것을 바꾼다고 해도 나이는 바꿀 수가 없다. 매스미디어는 동안을 유지하는 사람들을 경쟁적으로 비추지만, 사실 수많은 돈과 시간을 들여서 노화를 늦추는 것일 뿐이다.

메소포타미아의 영웅 길가메시도, 중국의 진시황도 찾지 못한

진실은 유물에 있다

영원한 젊음의 길을 우리라고 찾을 수 있을까. 오히려 늙어 감의 기쁨을 찾는 것이 더 빠르지 않을까. 100세 인생이라고 한다면 인생의 절반은 생식을 비롯한 육체적 그리고 사회적인 능력이 감퇴한 채로 산다는 뜻이다. 이 절반의 인생을 위해 물질적인 연금은 물론 노년의 지혜가 제대로 발휘되는 정신적인 연금을 쌓기 위해 개인적으로도 사회적으로도 많은 준비가 필요하다.

대한민국은 지난 세기 세계적으로 유례가 없는 탈식민지, 민주화 그리고 경제발전을 이룩해 왔다. 그 소중한 역사를 담은 세대들이 오랫동안 우리 사회에 함께하며 그 경험을 공유하고 함께 앞날을 모색한다는 것은 우리 사회에 축복이 아닐까. 유적의 층위 사이에서 인간의 역사를 찾아내며 앞날을 모색하는 고고학의 지혜가 급격히 고령화되는 우리 사회에 또 다른 시사점을 던져 준다.

| 애거사 크리스티와 그의 남편인 고고학자 맥스 맬로원.

2장.

욕망과
희망

흙수저와
동수저

서양 속담 '입에 은수저를 물고 태어났다Born with a silver spoon in one's mouth'는 부모 잘 만나서 별 노력 없이 호강하는 운 좋은 사람을 말한다. 황금 수저가 아니라 은수저인 이유는 이 표현이 등장한 17~18세기에 농부나 중산층 사람들이 가질 수 있는 가장 사치스러운 집기가 바로 은수저였기 때문이다.

그런데 요즘 한국에서는 가진 것 없는 '흙수저'에 그나마 조금 낫다는 '동수저', 그리고 부모 잘 만난 '은수저'와 '금수저'로 자신들의 계급을 빗댄 '슬픈 수저 이야기'가 회자되고 있다. 유독 이 말이 한국에서 유행하는 이유는, 숟가락이 동북아시아에서도 한국 사람들이 음식을 먹는 도구이기 때문일 것이다. 이웃 나라이지만 일본과 중국에서는 밥을 먹을 때 젓가락을 주로 사용하고 숟가락은 국물을 뜰 때만 쓰는 국자 역할을 한다.

한국에서 숟가락은 신석기 시대부터 사용되었다. 서울 암사동 신석기 시대 유적지의 8호 주거지에서 흙을 빚어서 구운 흙수저가 출토되었다. 암사동 유적의 연대가 기원전 5천 년경으로 세계 어느 곳보다 빠르다. 중국에서도 상나라(기원전 16~12세기)가 되어서야 숟가락이 등장하고, 일본은 선사 시대에 숟가락이 발견된 예가 거의 없다. 그리고 전 세계적으로 보아도 이렇게 이른 시기의 흙수저는 전혀 찾아볼 수 없다. 가히 한국을 숟가락의 종주국이라고 불러도 될 듯하다.

그런데 고조선이 등장할 무렵인 기원전 10~6세기에 몽골~중국 북방에 초원의 청동기 문화가 등장하면서 동수저가 등장한다. 이 동수저는 다른 청동기들과 함께 최고 우두머리의 무덤에서 주로 발견되었다. 청동기 시대의 족장들은 자기 조상들의 제사를 주재하면서 음식을 신에게 바치고 또 그 음식을 주변 사람들과 음복할 때 이 청동숟가락을 썼다. 즉, 숟가락은 힘과 권력을 상징하는 도구였기 때문에 그 주인이 무덤에 안치될 때에도 다른 귀중품과 함께 시신의 곁에 묻혔다. 심지어는 황금으로 만든 숟가락도 심심치 않게 발견되니, 바로 금수저의 기원은 초원인 셈이다.

이 초원의 청동숟가락은 비파형동검이 출토되는 중국 랴오닝 지역 일대까지도 전래되었으니, 우리의 고대 문화와도 관련이 있을 법하다. 최근까지도 시베리아 샤먼(무속인)들이 의식을 하는 옷에 주렁주렁 다는 장식 중 하나가 숟가락인 점도 이와 관련돼 보인다.

고려·조선 시대에 들어서도 우리의 숟가락 사랑은 여전해서 무덤에 꼭 들어가는 물건 중 하나였다. 저승으로 먼 길 가는 고인에게 마지막 밥 한 그릇 드리고 싶은 사랑이 담겨 있는 유물이다. 구한말과 일제강점기를 거치면서 숟가락은 서로를 아껴 주는 마음을 상징했다. 타지에 간 자식을 걱정하는 부모님들은 밥숟가락이나 제대로 뜨냐며 걱정을 하곤 했으니, 숟가락은 가족의 사랑과 이웃을 배려하는 마음을 상징했다.

하지만 서로에게 떠먹여 주던 숟가락이 이제는 바뀔 수 없는 계급의 상징이 되었다. 얼마나 우리 사회가 힘들어졌는지 실감하게 된다. 고고학이 증명하는 인류의 역사는 흙에서 동과 철, 황금으로 점차 개량이 되어 왔다. 현대사를 보아도 흙수저를 지닌 사람들이 동수저와 금수저로 바꿀 가능성을 발견한 사회가 비약적으로 성장했다. 해방 이후 한국이 그랬고, 독립 이후 미국이 그랬다. 1990년대 시베리아에서 유학할 당시 내 러시아 친구가 했던 말이 지금도 생생하다. "배고픔보다 더 괴로운 것이 희망이 없는 것이다."

진실은 유물에 있다

지난 수천 년간 우리에게 수저는 이웃과 가족에 대한 사랑이었고 미래에 대한 희망이었다. 그 본래의 의미로 숟가락이 사용되는 날이 빨리 왔으면 좋겠다.

| 오르도스 청동기박물관에 전시 중인 초원 민족의 금수저.

신의 뜻을
받는 뼈

3500년 전 중국에서 번성했던 상나라의 왕과 그 신하들은 거북의 등딱지와 양이나 사슴의 견갑골을 불에 그슬어 점을 치고 그 위에 글자를 써놓았으니, 이를 '복골卜骨'이라고 한다.

당시 왕은 곧 샤먼이었고, 그의 직속 비서진인 '정인貞人'들도 점쟁이였다. 왕과 그 부하들은 매일같이 모여서 국가의 일을 상의하고 중요한 것은 점을 쳐서 결정했다. 이렇게 점을 친 뼈 위에 점괘를 적어서 보관한 것이 바로 갑골문이었다. 점치는 뼈라는 뜻의 '복골'이 영어로는 '신의 뜻을 받는 뼈'라는 뜻의 'Oracle bone'인 이유도 바로 상나라에서 기인한다.

동물의 뼈에서 가장 얇고 넓적한 부분이 어깨뼈 부분으로, 적당히 그슬리면 '쩍' 하는 소리와 함께 갈라진다. 바로 이 넓적한 어깨뼈에 적당히 구멍을 뚫어 불에 그슬어서 뼈가 갈라지는 모양을 보고 길흉을 점친다. 주로 사슴이나 돼지의 어깨뼈를 쓴다. 원래 복골은 신석기 시대부터 발견되는데, 복골이 국가의 중요한 사업이 되었던 상나라 때는 양 뼈뿐만 아니라 남방에서 공수해 온 귀한 거북의 등딱지도 복골로 썼다. 그리고 중요한 전쟁을 결정할 때는 반드시 복골로 점을 쳤으니, 전장에서 희생될 병사들의 운명이 고작 동물의 어깨뼈 하나에 달려 있었던 셈이다.

한국에서도 약 2000년 전에 만들어진 남해안의 패총들에서 복골이 제법 발견된다. 그러나 삼국 시대 이후로 거의 사라졌는데, 불교 같은 종교가 들어오면서 전통적인 샤먼의 풍습이 사라졌기 때문이다.

이 복골 풍습은 동아시아를 넘어 유라시아 초원 지역의 유목민들 사이에서도 널리 유행했다. 이슬람을 믿는 최근의 카자흐족도 이복골로 점을 쳤고, 바이칼 지역의 부랴트족과 티베트인들은 복골에 불경을 써서 부적처럼 보관했다.

지금도 몽골인들은 양 한 마리를 잡으면 마지막에 어깨뼈를 불에 그슬거나 내려쳐서 뼈가 갈라지는 모습으로 길흉을 점친다. 그리고 어깨뼈가 갈라지는 위치에 따라서 질병, 출산, 건강 등을 점친다.

이 유목민들의 복골 풍습도 그 전통이 제법 오래되었다. 카자흐스탄 동북의 산악 지역에 거주했던 2500년 전의 유목민족 무덤(베렐 16호 고분)에서도 복골이 발견된 적이 있다. 이 복골이 발견된 무덤에서는 무기 대신에 물감이 있는 돌그릇과 다양한 장신구가 발견되었다. 무덤의 주인은 아마 점을 치는 사제였던 것 같다.

카자흐스탄 알마티의 박물관에도 우리나라와 중국에서 발견되는 것과 똑같이 생긴 복골이 전시되어 있다. 지금도 카자흐인들 중에는 이를 사용하는 사람들이 있다. 사실 복골은 동물 뼈를 이용하는 것이기 때문에 원래는 목축민들의 풍습이었을 것이다. 흔히 유목민 하면 초원을 호령하는 전사를 떠올리지만, 사실 그들은 춥고 황량한 초원에서 삶을 힘겹게 이어가던 사람들이었다. 한파가 몰아닥쳐 가축들이 몽땅 죽거나 갑자기 적이라도 침략하면 도움 청할 데도 없어 꼼짝없이 몰살될 처지였다. 그러니 초원의 유목민들은 자기 가족들을 위해서라도 강한 체력과 정신력으로 하루하루를 살아갈 수밖에 없었다.

겉으로는 강한 척한다고 해도 불안한 사람들의 속마음이 어디 가겠는가. 때만 되면 쪼그리고 앉아서 다양한 점을 쳤다. 특히 목숨같이 소중한 양을 잡을 때는 어깨뼈를 뽑아내 불에 그슬며 행운을 기원했다. 아마 쩍쩍 갈라지면서 깨지는 복골처럼 자신들의 운명에서도 불운이 사라지길 바랐을 것이다.

박물관에 있는 투박한 불상이나 녹슨 십자가, 무심히 놓인 복골 같은 유물은 그냥 지나치기 쉽다. 하지만 그 앞에서 얼마나 많은 사람이 고민을 털어놓고 소원을 빌었을까 생각해 본다면 유물이 조금은 달라 보일 것이다.

| 러시아 상트페테르부르크의 종교사박물관에 소장된 20세기 부랴트 갑골.

초원의
스키 부대

스키는 스포츠이기 이전에 북반구에서 추운 겨울을 나는 데 없어서
는 안 될 필수품이었다. 한국도 예외는 아니어서, 겨울이면 나무나
대나무판으로 스키를 만들어서 타고 다녔다. 특히 스키는 겨울 사냥
에 매우 유용했다. 겨울에 스키를 타고 사냥을 다니면 평소에는 잡
기 어려운 날쌘 야생동물들이 눈 속에서 헤매는 것을 쉽게 잡을 수
있었다.

  스키는 초원의 유목민들에게도 필수품이었다. 초원의 유목민 하
면 저 푸른 초원을 달리는 씩씩한 기마인을 떠올리겠지만, 그렇게
푸르른 날은 기껏해야 4~5개월뿐이다. 초원은 일 년의 반 이상이

진실은 유물에 있다

눈 덮인 겨울이요, 영하 30~40도의 강추위가 심심찮게 찾아오는 곳이다. 그러니 유목민들에게 스키는 취미가 아니라 추운 겨울 재빠르게 이동하면서 사냥을 가능케 하는, 삶을 지탱해 주는 생존 도구였다. 또한 겨울 식량이 떨어지거나 강추위로 키우던 동물들이 몰살되면 죽기를 각오하고 주변의 다른 부족을 침략하기도 했는데, 이때 초원의 스키 부대가 탄생하게 된 것이다.

최초의 스키 부대는 서부 시베리아의 대표적인 청동기 유적인 로스토프카에서 발견되었다. 이 유적에 묻힌 사람들은 기원전 2천 년경 강력한 청동 제작 기술로 전차를 만들어 시베리아 벌판을 누볐던, '세이마-투르비노'라는 사람들이다. 이 문화의 일파는 나아가 인도까지 진출해서 아리안족의 조상이 되었다. 이들의 발달된 무기는 나중에 중국 상나라까지도 전파되었으니 가히 세계사를 뒤흔든 유목민이라 할 수 있다.

로스토프카 유적에서 발견된 스키 부대의 흔적이란 전사 옆에 놓인 소박한 청동 칼 장식에서 나온 것이다. 워낙 흔한 그 시대 유물이어서 그냥 지나칠 법도 했는데, 그 칼의 손잡이 끝을 자세히 보는 순간 경탄이 절로 나왔다. 마치 말고삐를 잡고 길들이는 장면 같은데, 사람의 발밑에 스키가 달려 있는 것이 아닌가! 얼핏 보면 쇼트 트랙 선수가 코너를 도는 듯 보인다. 그러나 실상은 눈 덮인 초원 위에서 달리는 말의 고삐를 당기며 말의 속도를 따라가는 능숙한 초원 전사의 모습이다. 엄지보다도 작은 칼자루 끝 장식에서 눈 덮인 초원의 스키 전사가 생동감 있게 부활했다.

고고학 하면 흔히 사람들은 웅장한 기념물이나 찬란한 황금을 먼저 떠올린다. 그러나 정작 고고학자들에게 감동을 주는 것은 유물 속에 사소한 듯 숨겨져 있는 부분들이다. 돋보기로 찬찬히 유물의 각 부분을 관찰하다 보면 그 치밀하고 사실적인 묘사에 전율이 인다.

놀라움은 여기에서 그치지 않는다. 이 전사가 모는 말을 보면, 머리는 지나치게 크고 다리는 짧아서 우리가 아는 말과 다르다. 그리고 뭉툭한 코와 길게 내려오는 갈기가 눈에 띈다. 말인지 당나귀인지 헷갈리는 이 모습은 시베리아의 초원을 대표하는 몽골 계통 말이다. 일종의 조랑말인 이 몽골 초원 토착말은 처음 발견한 러시아 학자의 이름을 따서 '프르제발스키' 종이라고 한다. 다리가 길쭉하고 날렵한 서양말과 비교하면 볼품없어 보인다. 하지만 강한 지구력과 다부지게 뻗은 체격으로 초원의 겨울을 끄떡없이 견딘다. 바로 이 땅딸보 말이 시베리아 초원을 호령하던 유목민의 말이었고, 후에는 칭기즈칸의 부대와 함께 세계를 정복하기도 했다.

그러고 보니 17세기 폴란드, 19세기 나폴레옹, 그리고 20세기의 히틀러에 이르기까지 러시아를 침략한 적을 물리친 일등공신은 바로 동장군이었다. 아무리 의기양양하게 대군이 쳐들어와도 러시아 인들은 느긋하게 겨울만 기다렸다. 강추위에 적들이 대부분 동사하거나 전의를 상실할 때 러시아인들은 비로소 전쟁을 시작했으니 말이다.

유라시아 초원의 진정한 지배자는 바로 겨울을 지배하는 자였다. 혹독한 겨울을 이겨 내고 맞은 초원의 푸르른 여름은 몇 배 더 아름답고 고맙지 않았을까. 아마 저 초원의 스키 전사도 곧 다가올 여름을 생각하며 추위를 이겨 냈을 것이다.

| 칼자루 끝 청동 장식으로 남은 초원의 스키 부대.

욕망과 희망

고고학이 증명한
'와신상담'

복수를 위하여 때를 기다린다는 뜻의 '와신상담臥薪嘗膽'은 기원전 5세기에 양쯔 강 유역에서 이웃하며 서로 대를 이어서 죽이고 복수했던 오吳나라와 월越나라의 앙숙지간에서 유래했다. 오왕 합려와 그의 아들 부차, 그리고 그들과 원수였던 월왕 구천이 사용했던 명검이 중국 각지에서 발견되면서 그들의 이야기는 실제로 증명되었다.

오와 월은 전통적으로 좋은 칼을 만들기로 유명했다. 오와 월이 위치한 양쯔 강 일대는 무덥고 숲이 많아서 보병이 중심이 되어 칼로 육박전을 벌이는 전술이 필요했다. 그래서 오월 지역의 사람들은 검을 자신의 분신처럼 가지고 다녔으며 좋은 칼을 만드는 장인들도 많았다. 오월 지역의 검은 지금도 다마스쿠스 검, 일본 검 그리고 말레이시아의 크리스 검과 함께 세계적인 명검으로 꼽힌다.

1965년 중국의 고고학자들은 후베이성 장링시에서 초나라 귀족의 무덤들을 발굴했다. 그중 한 무덤에서 발견된 칼을 칼집에서 뽑자 믿을 수 없는 광경이 벌어졌다. 2500년 전 땅속에 묻혔던 칼이건만 녹이 슬기는커녕 지금도 바위를 벨 수 있을 듯 날이 시퍼렇게 살아 있었기 때문이다. 놀라움은 그뿐만이 아니었다. 이 칼에는 월왕 구천이 직접 만들고 쓰는 검이라는 글자가 새겨져 있었다. 고사성어로만 남아 있던 역사가 유물을 통해 부활한 순간이었다.

그런데 정작 이 검은 월나라가 아니라 초나라 귀족의 무덤에서 발견되었다. 기원전 306년에 초나라가 월나라를 멸망시켰으니, 그때 월나라 궁궐에서 보물들을 털어서 초나라 귀족들에게 전리품으로 가져간 것이다.

현재까지 20여 개가 넘는 오나라와 월나라 왕들의 칼이 중원 각지의 무덤에서 발견되었다. 특히나 '와신상담'의 주인공인 오나라 합려와 부차, 그리고 월나라 구천의 칼이 그 검들 중 3분의 2가 넘는 수를 차지하는 건 결코 우연은 아닐 것이다. 부차와 구천은 복수의 상징이었으니, 권모술수로 권력을 탐하고 복수하기를 일상화하던 전국 시대 맹주들은 부차와 구천의 검을 걸어 두며 자신의 복수 의지를 불태웠을 것이다.

오월에는 간장, 막야, 구야자 등 지금도 이름이 알려진 명검의 장인이 많았는데, 이들은 자신의 비기를 아무에게도 알리지 않았기에 오월이 멸망하면서 그 비법도 같이 사라졌다. 그래서 수천 년의 세월 동안 녹슬지 않는 명검의 기술은 여전히 베일에 싸여 있다. 다만 월왕 구천의 검 표면에 주석으로 된 아름다운 마름모꼴의 장식이 있는데, 그 장식이 코팅제 역할을 했을 것이라고 추측할 뿐이다.

월나라 구천의 검은 현재 베이징 천안문광장에 위치한 중국국가박물관에 전시되어 수많은 관람객을 맞고 있다. 오왕 부차는 아버지의 복수를 하기 위하여 월나라를 멸망시켰고, 이에 월왕 구천은 미인 서시를 바치고 스스로 부차의 몸종이 되었으며, 심지어 부차의 대변을 맛보는 굴욕을 참으며 목숨을 부지했다. 그렇게 간신히 목숨을 부지해서 월나라로 돌아간 구천은 쓸개를 핥으며 절치부심했다. 시퍼렇게 날이 살아 있는 월왕 구천의 검을 보노라면 2500년 전 복수의 칼을 갈던 그의 한이 느껴지는 듯하다.

알렉상드르 뒤마는 '인생에서 제일 재미있는 것이 복수'라고 했지만, 사실 복수만큼 허무한 것도 없다. 복수의 즐거움은 순간이나, 인생은 길기 때문이다. 오나라와 월나라에서 유래한 또 다른 고사성어로 오와 월은 한배를 탄 처지라는 뜻의 '오월동주吳越同舟'가 있다. 오와 월은 서로 다투지만 사실은 한배를 탄 운명이라는 뜻이다. 오와 월은 서로를 죽이며 국력을 소진한 끝에 둘 다 초나라에게 멸망했다. 서로의 복수에 정신이 팔려 큰 시대의 흐름을 보지 못한 탓이다.

서로의 가슴을 겨누었던 그들의 명검은 사방으로 팔려 나가 지금은 박물관 한 귀퉁이의 유물이 되었다. 끝을 모르고 치닫는 남과 북의 갈등을 보면 서로 끊임없이 대립하고 사방으로 팔려 나간 오나라와 월나라의 모습이 보인다.

| 와신상담의 주인공 월왕 구천의 검.

황금 마스크의
주인은

제주도의 네 배 크기에 달하는 거대한 호수 이식쿨Issyk-kul. 키르기스스탄의 명소인 이곳 서쪽에 위치한 샴시 지역에서 황금 마스크가 발견됐다. 영롱한 빛을 내뿜는 마스크는 아름답기도 하고, 섬뜩하기도 하다. 황금 마스크는 중앙아시아, 티베트, 중국 신장성 등 실크로드 일대에서 종종 발견되는 유물이다. 마스크가 묻혀 있던 곳은, 서기 5~6세기경 샴시 지역에서 우리나라 신라인들처럼 거대한 고분을 만들고 살던 '오손'이라는 유목민들의 무덤이었다.

사람들은 마스크의 재료가 황금이니 당연히 높은 지위에 있던 남성의 물건이었을 것이라 여겼다. 그러나 뜻밖에도 황금 마스크의 주인은 여성이었다. 마스크의 눈 부분은 보석으로 장식돼 있고, 코나 입이 막혀 있어 산 사람은 쓸 수 없는 데스마스크death mask라는 점도 밝혀졌다. 시신을 묻을 때 사용한 매장용 마스크인 것이다.

여성이 쓰는 장례용 황금제 머리 장식이라는 점에서 신라의 유물과 유사하다. 신라의 금관도 실제로 쓰고 다니기에는 어려운 장례용이었으며 남자는 물론 여자의 장례에도 많이 사용했기 때문이다. 신라 황남대총의 경우 여성이 묻힌 북분에서 금관이 나왔으며, 아프가니스탄의 틸리아 테페에서도 여성의 무덤에서 금관이 나왔다. 게다가 마스크의 표면에 새겨진 나무 장식은 신라 왕관의 주요 모티브이기도 하다.

신라의 금관과 판박이인 금관이 흑해 연안과 아프가니스탄에서 발견되는 이유는 유목 황금 문화가 전파된 덕이다. 금관은 신라의 북방계 초원 문화를 대표하는 유물이다. 백제나 고구려에서는 찾아볼 수 없는 금관이 신라에 도입된 배경은 서기 3~5세기에 초원에 널리 퍼진 훈족의 황금 문화와 관련이 있다. 흉노 일파의 무리가 수백 년에 걸쳐 유럽에 터를 잡았고, 그들의 강력한 무기와 화려한 황금 문화가 유라시아 전역에 퍼졌다. 다만 실크로드 일대에서는 금관 대신 황금 마스크가 발견되는 일이 많다.

전통적으로 유목 사회는 부계제 사회로 여성들의 지위가 낮아 자신들의 고분을 거의 남기지 않았다. 그렇다면 왜 샴시의 여성은 화려한 금관과 유물을 갖고 있을까. 마스크에 새겨진 세 그루의 나무 장식에 그 실마리가 있다. 이 나무 장식은 신라에서 흑해 연안에 이르는 이 시대 금관에서 공통적으로 보이는 장식이다. 또한 최근까지 시베리아의 샤먼들도 나무 모양의 관을 쓰고 의식을 했으니, 유라시아의 제례를 대표하는 장식이라 할 수 있다.

나무는 땅에서 자라 하늘로 향하니, 바로 하늘과 땅을 이어 주는 샤먼의 모습을 상징한다. 즉, 황금 마스크를 쓴 여인은 샴시 고원 지역의 유목 민족을 다스리던 여왕이거나 신통력 강한 사제였을 가능성이 높다.

또 아프가니스탄 틸리아 테페 유적의 경우 금관을 썼던 여성은 이마를 납작하게 만들기 위해 편두編頭(머리를 납작하게 만드는 풍습)를 한 것이 밝혀졌다. 즉, 신의 뜻을 받을 사람은 어려서 선택된 다음, 머리를 납작하게 만들어 왔다는 뜻이다.

당시 높은 권력을 쥐었던 여성일지라도 삶이 탄탄대로였던 것만은 아니다. 험난한 인생을 살던 유목민들이었기에 언제나 하늘에 자신의 앞날을 묻는 점을 쳤다. 그리고 신과 통하는 일은 여사제가 담당했다. 그녀들은 앞날을 예언하며 신의 대리인으로 떠받들어졌지만 신통력을 잃고 점괘가 틀리면 신의 노여움을 산 것으로 간주되어 그 즉시 버려졌다.

진실은 유물에 있다

황금은 시간이 지나도 변하지 않기 때문에 영생 불변을 의미하여 예부터 죽은 자의 명복을 기원하는 데 쓰여 왔다. 하지만 영생 불변한 것은 황금뿐, 오랜 세월이 지난 지금 황금 마스크를 썼던 사람의 흔적은 찾아볼 수 없다. 찬란한 황금 유물들을 보면 볼수록 역설적으로 우리 인생이 참 덧없이 느껴진다.

어쨌거나 과거 실크로드의 사막을 여행하던 사람들이 나무 모양 장식을 한 황금 마스크를 봤다면 얼마나 놀라고 신기해했을까. 중국의 고전《서유기》에서 서역을 '곳곳에 요괴들이 사는 별천지'로 묘사한 것도 이유가 있는 듯하다.

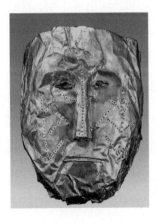

| 키르기스스탄에서 출토된 황금 마스크. 세 그루의 나무 장식이 새겨져 있다.

나치에게
이용당한
티베트 불상

2차 세계대전 직전, 히틀러는 아리안족의 나라를 세운다는 구실 하에 유대인과 집시들을 학살하기 시작했다. 히틀러가 세계에서 가장 우월한 민족이라 여기는 독일인의 조상이 아리안족이라 믿었기 때문이다. 그리고 그 아리안족이 티베트와 파미르 고원 지역에서 기원했다고 주장했다.

게다가 다른 인종과 섞이기 어려운 파미르, 티베트 고원 지역의 지리적 특성으로 미루어 볼 때 아리안의 순수 혈통이 남아 있을 것이라 생각하고 그 혈통을 찾아낼 '티베트 원정대'까지 구성했다. 히틀러의 심복으로 인종청소를 주도했던 하인리히 힘러가 1938년, 나

진실은 유물에 있다

치친위대^{SS}의 멤버였던 에른스트 샤우퍼를 대장으로 조직한 원정대였다.

이 원정대는 당시 티베트의 고대 역사와 주민들에 대한 자료를 수집하는 과정에서 25센티 길이에 10킬로가 넘는 묵직한 니켈제의 불상을 발견했다. 때마침 불상의 가슴에는 나치의 하켄크로이츠를 연상시키는 '만卍' 자가 새겨져 있었다. 힘러는 "이 불상은 독일인이 세계의 기원인 티베트에서 출발한 아리안의 후손임을 증명한다"고 널리 선전하고, 독일인들을 인종대청소의 광기로 몰아넣는 데 불상을 이용했다.

2차 세계대전 이후 행방이 묘연해진 불상은 2007년에 재발견되었다. 불상을 다시 연구한 결과 약 1000년 전에 만들어진 것으로, 재료는 시베리아와 몽골의 국경지역인 투바 지역에 떨어진 운석임이 밝혀졌다. 왼손에 주머니를 들고 있는 것으로 볼 때 불교의 사천왕 중 수미산 북방을 수호하는 천왕인 '다문천왕(바이스라바나)'이라고 추정되지만 일반적인 불상과 형태가 달라 논란이 많다. 의복은 불상보다는 유목민족에 가까우며, 얼굴 생김새도 매우 이질적이어서 후대의 위조품이라는 주장도 제기되었다. 하지만 보석보다도 가치가 큰 운석으로 위조품을 만들 리는 없으니 위조품일 가능성은 낮다.

사실, 운철은 예부터 하늘의 선물로 여겨져 종종 귀한 유물을 만들 때 사용되었다. 아마도 티베트 일대에서 불교를 받아들인 사람들이 하늘에서 떨어진 귀한 운석으로 자신들만의 불상을 만들었던 것 같다. 운석으로 만든 불상은 세계 최초이니, 이래저래 티베트의 신비한 예술품임은 틀림없다.

물론 나치의 주장처럼 독일인이 티베트인과 관련이 있을 리 만무하며 독일인이 수천 년 전 아리안족의 혈통이라는 근거도 전혀 없다. 실제로 고고학 자료가 순수 혈통을 지닌 민족을 증명한 사례는 없다. 고고학 자료는 지역끼리 문화를 교류하는 과정에서 인류의 역사가 형성되어 왔음을 증명한다. 이런 고고학 자료의 특성으로 볼 때 티베트 불상 역시 교류의 증거품이라 할 수 있다. 가슴에 새겨진 만卍 자는 기원전 3000년경부터 태양을 숭배하던 인도-유럽인의 조상들이 널리 쓰던 기호다. 따라서 유라시아 대륙 간 교류의 결과물로 보는 게 이치에 맞다.

인류가 아프리카에서 기원해 사방으로 퍼져 나간 것이 정설이 된 오늘날, 파미르나 티베트에서 인류가 기원했다는 생각도 틀렸다. 하지만 여전히 파미르와 티베트를 자국의 기원으로 주장하는 국가가 세계 곳곳에 있다. 대표적인 국가가 러시아로, 2차 세계대전 이후에 만들어진 러시아의 위서僞書인 《벨레스의 서》에서도 슬라브인들의 고향을 파미르 고원에서 찾았다.

요즘 우리나라에서도 한민족이 파미르 고원에서 기원했고, 티베트와 중앙아시아가 우리의 옛 땅이었다고 주장하는 사람들이 종종 있다. 그러나 파미르 기원설이 나치를 통해 널리 퍼졌다는 것을 아는 사람은 많지 않다.

현실이 어려울수록 사람들은 과거에서 영감을 얻고 답을 찾으려 한다. 하지만 티베트 불상처럼 실제 유물의 의미 대신 현 시대를 사는 사람들의 욕심이 반영되는 경우가 적지 않다. 현대사회에서 고고학이 사람들의 편의대로 해석되는 것을 보면 안타깝기만 하다.

| 가슴에 '만(卍)' 자가 새겨진 티베트 불상. 나치의 선전에 이용되었다.

그 사람
배짱 한번
두둑하네

우리가 흔히 쓰는 완벽完璧이라는 말은 '흠이 없는 구슬'이라는 뜻의 한자어로 중국 전국 시대 말기의 이야기에서 유래한다. 당시 중국 북부에 있던 조나라의 혜문왕은 초나라의 국보급 옥玉인 '화씨의 벽'을 얻었다.

그 소문을 들은 진나라의 소양왕은 옥을 진나라의 성 열다섯 개와 바꾸자는 황당한 제안을 했다. 옥을 빼앗기 위한 강대국의 횡포였지만 약소국이었던 조나라는 거부할 수 없었다. 이때 고양이 목에 방울을 달 사신을 자처한 용감한 사람이 있었으니, 바로 인상여藺相如였다. 화씨의 옥구슬을 진나라에 가져간 그는 목숨을 걸고 진나라와

진실은 유물에 있다

담판을 지어 옥구슬을 지켜 냈다. 기고만장하던 진나라의 기를 꺾은 인상여의 이름은 이후 중원에 널리 알려졌고, 그가 지켜 낸 '완벽'은 흠이 없다는 의미로 지금까지 널리 쓰이고 있다.

이처럼 인상여는 2300년 전 중원을 풍미하던 인물로 널리 알려져 있는데 그와 관련된 실제 유물이 당시 조나라 영토였던 지역이 아닌 백두산 자락에서 발견돼 모두를 깜짝 놀라게 했다. 1980년도 중국 지린성에서도 가장 후미진 창바이현의 마을 주민들이 학교를 짓기 위해 땅을 고르는 중이었다. 고구려 계통의 적석묘 근처에서 돌을 하나 들어내니 사람 뼈와 'ㄱ' 자로 생긴 창이 보였다. 고대 유물임을 직감한 현지 주민들은 이 유물들을 즉시 지역 박물관으로 보냈다.

몇 년 뒤 이 지역을 찾은 고고학자들은 창 위에 글자가 새겨져 있는 것을 발견했다. 그 내용은 '조 혜문왕 20년(기원전 279년) 승상 인상여'였다. 조나라 재상이었던 인상여의 유물이 처음으로 발견된 것이었다. 그것도 중원에서 한참 떨어진 백두산 자락의 산간 오지마을에서.

사실 전국 시대의 유명한 사람들이 쓰던 무기가 만주 일대에서 발견된 경우는 이것이 처음은 아니다. 진시황의 아버지인 여불위의 창을 비롯하여 연나라, 제나라, 조나라의 위인들이 쓰던 물건들이 나온 바 있다. 당시 최고 재상이던 이들의 친필 사인이 새겨진 무기들이 만주 일대로 우연히 흘러들어 간 것이 아니다.

중국 역사에는 진나라가 천하 통일을 하자 졸지에 나라를 잃은 유이민이 고조선 지역으로 유입되었다고 기록돼 있다. 그들이 고조선, 나아가 백두산 일대로 이주한 이유는 모피와 인삼 때문일 것이다. 고조선 시절부터 이 지역은 얼룩무늬 가죽, 즉 호피로 유명했다. 당시 중국 귀족들은 깔개로 얼룩무늬 가죽을 사용함으로써 위엄을 세우려 했지만, 중원에는 얼룩무늬를 가진 동물이 없었다. 당연히 여러 나라는 앞다퉈 백두산의 모피를 얻고자 했다. 중국을 떠나 백두산 일대로 이주한 백성들은 중원과 백두산을 연결하는 무역에 종사하며 생계를 이어갔고, 이 과정에서 중국인들이 고구려인들의 환심을 사기 위해 인상여의 창을 주었을 것으로 추측한다.

창에 새겨진 '조 혜문왕 20년'은 인상여가 영토 문제를 두고 진나라와 담판을 지었던 '민지의 회맹' 사건이 일어난 시기다. 당시 인상여는 혜문왕과 함께 진나라 소양왕이 주최한 잔치에 참석했다. 이 자리에서 소양왕은 둘에게 열다섯 개의 성을 바치라는 요구를 했는데 인상여가 "귀국은 우리에게 함양성 한 개를 주실 수 있나요?"라고 받아쳤다. 진나라의 수도였던 함양을 넘겨줄 수는 없으니 진나라는 꿀 먹은 벙어리가 될 수밖에 없었다. 인상여의 활약으로 그들은 무사히 조나라로 돌아올 수 있었다.

이 창이 백두산 지역까지 전해질 때 이러한 인상여의 무용담도 전해졌을 것이다. 국가의 영토와 자존심을 당당히 지켜 낸 인상여의 이야기는 중국 세력에 굴하지 않고 나라를 굳건히 지켜 낸 고구려인 사이에서도 회자되지 않았을까. 비록 나라는 다르지만 인상여에게 동질감을 느끼며 자신들의 처지를 위로받았을 것이다. 껄껄 웃으며 그 사람 배짱 한번 두둑하다고 이야기했을 고구려인들의 모습이 눈에 선하다.

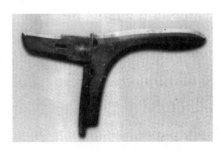

| 백두산 자락의 오지마을에서 발견된 중국 전국 시대 조나라 재상 인상여의 창.

고고학보다 오래된
유물 위조의 역사

1934년 7월 1일자 한 신문에 일본 학자들이 발해 동경성(지금의 상경성)에서 일본 최초의 화폐인 화동개진을 발견했다는 기사가 실렸다. 화동개진은 7세기 나라 시대에 일본에서 처음 만든 화폐다. 당시 일본은 한반도 침략에 만족하지 않고 괴뢰 만주국을 만들어 만주 침략을 본격화하고자 했다. 때마침 일본 최초의 화폐가 만주 한가운데 발해 유적에서 발견됨에 따라 일본 정부는 만주 침략을 합리화하는 도구로 화동개진을 홍보하기 시작했다.

　그러나 일본 학자들의 화동개진 발굴은 조작이었다. 상경성에서 최초로 발굴한 것이 아니라 일본 고고학자들이 본국에서 그 동전을 갖고 와 상경성 유적에 파묻었다. 그리고 그 사실을 숨긴 채 중국 인부들이 발굴하도록 지시했다.

대부분의 사람이 화동개진 발굴을 믿었지만 당시 만주국박물관의 연구원이었던 중국 학자 리원신李文信은 이런 꺼림칙한 상황들을 진즉에 눈치 채고 화동개진 발굴에 석연찮은 구석이 있다고 주장했다. 하지만 리원신의 폭로는 무시되었고 1940년 만주국 수도인 신경(지금의 창춘시)에서 열린 '아스카 나라 문화 전람회'에서 화동개진이 대대적으로 선전되기에 이르렀다. 이를 기점으로 화동개진은 발해가 일본 땅임을 증명하는 선전 도구로 본격적으로 이용됐다.

사실 고고학 역사보다 더 오래된 것이 바로 유물 위조의 역사이다. 유물을 위조해 팔아먹는 사람들은 고대 로마 시절부터 존재해왔다. 고고학자들도 자신의 이름을 널리 알리려는 욕심으로 가끔 위조 사건에 연루되기도 한다. 대표적인 사례가 1910년대 영국 서식스주의 필트다운에서 발견된 화석 인류인 필트다운인이다. 많은 학자가 50만 년 전의 화석 인류인 줄 알았지만 침팬지와 사람의 두개골을 조합한 위조품으로 판명돼 모두를 경악하게 했다.

진짜 심각한 유물 위조는 개인적인 욕심을 넘어 침략을 합리화하거나 자국의 역사를 찬양하는 수단으로 삼는 경우이다. 1999년 일본에서 일어난 구석기 유물 위조 사건의 범인이 후지무라 신이치라는 고고학자임이 밝혀졌다. 그가 위조한 유적들은 매년 교과서에 실리면서 명성을 얻었다. 조작 방법이 매우 허술했음에도 불구하고 한 신문기자가 그 일을 폭로하기 전까지 일본 학계는 그를 애써 모른 척했다.

화동개진 사건 역시 만주 침략을 합리화하기 위한 일본의 조작이었다. 원래 상경성은 러시아 학자들의 조사 지역이었는데 일본이 중간에 가로채 조사했다. 그리고 지금도 일본은 발해 연구가 일본 학자로부터 시작됐다고 주장한다. 당시 일본 군부의 지원을 받았던 일본 학자들은 순전히 학문적 가치를 위해 발해를 조사한다고 신문에 인터뷰했다. 하지만 일본 육군성의 기밀문서에는 중국과 러시아의 조사를 신속하게 가로채 일본의 만주 지배를 확고히 하겠다는 내용이 들어 있다. 그러니 일본은 화폐를 파묻어서라도 자신들의 침략을 정당화하려 했던 것이다.

만주를 중국에서 떼어 놓기 위해서 유물까지 조작하던 일본은 만주에 만족하지 않고 중국 본토와 몽골, 시베리아까지 침략했다. 어용학자들을 동원해 일본인의 유라시아 북방기원설을 들고 나오며 자신들의 침략을 합리화했고, 중앙아시아 실크로드를 일본과 이으려는 노력도 이때부터 본격화했다.

지금 생각해 보면 나라 간 교류가 있었으면 화폐도 다른 나라에서 발견되는 것이 당연한데 동전 한 점 나온 것으로 일본 침략을 정당화한다는 발상 자체가 어처구니없다. 고고학이 낭만적인 이유는 현재 우리가 전혀 생각지도 못한 인생이 유물에 담겨 있기 때문이다. 그 유물을 위조하고 침략을 정당화하는 모습을 보면 욕심에 눈먼 인간들이 유물의 본래 의미를 퇴색시키는 듯해 안타깝다. 정직하게 유물을 발굴하고 지켜 내는 과정이 얼마나 중요한지를 다시 한번 깨닫는다.

| 일본은 만주 침략을 정당화하려는 목적으로 일본 최초의 화폐인 화동개진 발굴 과정을 조작했다.

한민족의
기원은?

매년 등장하는 고고학계의 3대 뉴스가 있으니 첫째, 인류의 기원을 밝혀 줄 인골 발견, 둘째, 예수님의 무덤 발견, 셋째, 한민족의 기원 발견이 그것이다. 매년 비슷한 제목으로 뉴스가 나온다는 뜻이다. 한민족은 어디에서 왔는가? 너무나 자주 듣는 질문이고, 또 매년 뉴스를 장식하는 주제이기도 하다.

그런데 얼마 전에는 특이하게도 한민족이 남방에서 기원했다는 뉴스가 나왔다. 러시아 연해주의 8천 년 전 초기 신석기 시대 동굴 무덤 유적인 '악마의 문' 유적에서 40여 년 전 발굴했던 인골의 유전자를 분석했는데, 베트남 쪽과 유사하다는 소개이다. 이 유적의 정식 이름은 '쵸르토브이 보로타'이다. 그런데 분석 대상으로 삼은 인골은 2점에 불과했다. 2점의 인골에서 남방계 인자가 나왔다는 것이 민족의 계통까지 밝힐 수는 없다. 또 근처에 있는 다른 8천 년 전의 유적에서 나온 인골은 유전자 분석 결과 북극권의 축치, 캄차달인과 유사하다고 나왔다.

DNA 분석을 통해 한민족의 기원을 밝히는 작업은 아직 갈 길이 멀다. 유전자 분석의 기본 원리는 유전자 속 여러 요소 중 특정 인자 하나를 비교할 수 있는 기존 샘플과 비교하는 것이다. a와 가장 유사한 것이 b라는 뜻은 현재까지의 샘플에서 가장 유사하다는 뜻이지 친연관계를 곧바로 입증하는 것이 아니다. 유전자 수천수만 가지 중에서 샘플 한두 개의 유사성이 곧바로 민족의 계통을 입증한다고 보기는 어렵다. 이러한 고대 유전자의 샘플 문제는 바로 비교 집단이 누구인가에 따라서 천차만별인 결과로 이어진다.

만약 한국인인 내 얼굴 사진을 통해 가장 유사한 사람을 골라낸다고 치자. 그런데 샘플에 유럽인이 많다면 상대적으로 우즈벡 사람들이 유사해 보일 것이다. 하지만 샘플이 한중일과 중앙아시아 쪽이라면 당연히 우즈벡 사람은 제일 먼 관계로 나올 것이다. 그런데 고대 유전자는 워낙 샘플이 귀하기 때문에 논란의 여지가 많다.

그리고 남방계 유전자가 연해주에서 나왔다는 점은 변방의 고립성에 따른 착시효과로도 볼 수 있다. 원거리 간에 나타나는 유사한 결과는 상대적으로 주변 집단의 유입이 적은 고립된 변방의 집단에서 흔히 보인다. 예컨대 19세기 말 우리나라 언어를 가장 잘 보존하고 있는 곳이 어디일까. 19세기 말에 함경도에서 이주한 고려인들은 이후 스탈린의 강제 이주 정책으로 중앙아시아로 가는 바람에 완전히 고립된 채 대체로 원형을 유지할 수 있었다. 재밌는 것은 고려인들의 말투는 연변 조선족의 말투와도 아주 유사하다는 것이다. 즉, 20세기의 방언이 잘 남아 있는 것이다.

바이칼 지역의 부랴트 몽골인이 한국인과 외형상 아주 유사한 것도 이와 비슷한 경우에 해당된다. 몽골 제국의 번성기에 하나의 커다란 집단으로 묶였다가 다른 지역은 중국을 비롯한 다른 집단들로 교체되었다. 비교적 유전자의 출입이 적은 두 변방(부랴트와 한국)이 상대적으로 유사성이 큰 이유는 여기에 있다고 볼 수 있다. 비슷한 상황이 일본에도 있다. 《일본인의 기원》이라는 책에서도 일본의 남북 끝인 오키나와 원주민과 홋카이도 아이누가 다른 도시에서 만나면 서로 자기 고향 사람인 줄 알고 반가워한다는 내용을 본 적이 있다.

쵸르토브이 보로타의 사람들이 살았던 8천 년 전 극동아시아의 경우도 비슷하다. 극동아시아 일대는 1만 2천 년 전 빙하기가 끝나고 간빙기가 될 무렵 상대적으로 온화한 기후가 이어지면서 사람들이 지속적으로 거주했던 증거가 곳곳에서 확인된다. 소위 '원시 고

진실은 유물에 있다

토기 단계'라고 한다. 이 원시 고토기들은 지역을 초월해서 엄청난 유사성을 보인다. 풀을 넣어서 빚은 거친 저화도의 토기는 아무르 강 일대에서 제주도 고산리에 이르기까지 그 제작 방법이 비슷하다.

얼마 전 중국 남부의 시엔런통仙人洞 유적에서는 토기의 연대가 2만 년까지 올라갔으니, 후기 구석기 시대부터 상대적으로 안정적인 생계경제가 형성된 극동아시아는 세계의 다른 지역과 달리 토기를 사용하고 정착했던 수렵 채집인이 살았을 것으로 여겨진다. 구석기-신석기 시대의 전환기에 이렇게 온화한 기후 환경을 유지한 곳은 세계적으로 극동아시아가 거의 유일했다.

그러니 후기 구석기 시대에 이 지역에 거주했던 사람들은 빙하와 매머드를 찾아서 계속 북으로 이동했던 집단과 새롭게 바뀐 온화한 기후에 적응한(원시 고토기를 사용한) 집단으로 나뉘었을 것이다. 그렇게 본다면 쵸르토브이 보로타와 동남아 지역의 연관성은 쉽게 해석된다. 직접 사람이 이동한 것이 아니라 비슷한 생계경제에 따른 유사성이 발현된 결과라고 할 수 있다.

다음으로 쵸르토브이 보로타 근처의 한러 국경 바닷가에 위치한 보이스만 유적의 사람들을 보자. 이들도 8천 년 전의 비슷한 시기 사람인데, 이들은 북극권의 주민 집단과 유사하다. 같은 맥락으로 변방의 고립화가 진행된 결과로 해석할 수 있다. 보이스만 패총의 사람들은 퉁구스보다 고아시아족(니브흐, 캄차달, 축치 등)에 가깝다. 민족 계통에 따른 차이라기보다 바다를 끼고 살면서 서로 다른 생활환경으로 인해 자연스럽게 구분된 것이다.

그리고 바닷가 사람들은 바다를 따라서 남북으로 이동하며 산다. 비유하자면 속초에서 고기 잡던 어부가 사정이 생겨서 이사를 한다면 설악산 산속으로 가기보다는 원산이나 포항과 같은 비슷한 항구로 갈 가능성이 높다는 뜻이다. 고아시아족의 경우 지속적인 퉁구스 집단의 확장으로 변방으로 밀려갔고, 그 와중에 더더욱 북쪽으로 몰려가 살게 되었다.

이 정황은 말갈 계통의 문화가 아무르 강을 따라 동쪽으로 가서 일본 홋카이도 쪽으로 가고, 또 아이누들이 일본인들에게 쫓겨 캄차카 반도까지 간 경우 등 여러 유물로 증명이 된다. 얼마 전 알래스카에서 발해형 허리띠가 나왔다는 미국 고고학회지의 보도가 있었다. 바로 혼인과 교역에 따른 문화의 북상에 따른 결과이다. 보이스만 유적에서 축치와의 연관성이 눈에 띄는 것은 민족 계통에 직접적인 관련이 있어서라기보다 과거 유전자의 원형이 그나마 축치와 캄차카에 잘 보존되어 있어 나오는 결과인 것이다.

이렇듯 한두 개의 자료만으로 한민족의 기원을 찾는 것은 불가능하다. 고고학, 언어, 유전자 연구가 수십 년간 축적되어야 대체적인 흐름을 찾을 수 있다. 하나하나의 연구가 모이고 토론될 때 비로

진실은 유물에 있다

소 한민족의 실체에 조금씩 다가갈 수 있다. 수만 년을 이 땅에서 살아온 사람들을 밝히는 일이 결코 단기간에 해결될 일은 아니기 때문이다. 한자 성어 '우공이산愚公移山'이 무색할 만큼 많은 세월이 필요할 것이다. 그래도 내가 처음 고고학과에 입학했을 때와 비교하면 지금은 무척 구체적으로 한민족의 기원에 대한 여러 연구와 가설이 나와 있다. 앞으로 더 많은 진실이 밝혀질 것이라 생각하며 미래 고고학자들의 활약을 기대한다.

| 러시아 연해주의 신석기 시대 유적인 악마의 문에서 발견된 토기.

3장.

생활의
발견

알타이에는
카펫 옮기는 날이
있다?

카펫 하면 우리에겐 신드바드의 모험에 나오는 날아가는 양탄자가 떠오른다. 사람들이 보통 생각하는 날아가는 이미지와는 전혀 거리가 먼 양탄자를 날아간다고 생각한 이슬람 문화권의 발상이 참 신기했다.

양탄자는 알타이, 몽골의 흉노족과 파지릭 문화의 사람들에게는 집을 뜻한다. 언제나 이동을 하는 사람들이기 때문에 집을 꾸밀 수 있는 가장 호사스러운 가구가 바로 양탄자였던 것이다. 추위도 막고 집을 아늑하게 장식해 주는 카펫이기에 그 위에는 여러 가지 상징적인 그림들이 들어간다. 나도 어릴 적에 우리 집 벽에 걸려 있던 카펫에서 낙타를 몰고 가는 카라반의 그림을 멍하니 바라보곤 했던 기억이 난다.

카펫은 유목민이 죽은 다음에는 죽은 사람의 집인 무덤에도 똑같이 장식됐다. 파지릭 문화에서는 살아생전 유르트(천막)를 장식했던 카펫이 그 주인이 죽으면 무덤 바닥과 벽에도 똑같이 깔렸다. 즉 무덤의 목곽은 죽은 사람의 유르트가 되는 셈이다. 카자흐인들도 사람이 죽으면 생전에 그의 침대 근처를 장식했던 양탄자에 시신을 둘둘 말아서 무덤에 넣는다.

이처럼 평생을 같이하는 카펫인지라 지금도 알타이의 민족들은 카펫을 바꾸는 것 자체를 금기시하고, 카펫이 해지더라도 절대 버리지 않고 지니고 살았다. 해지면 깁고 완전히 너덜너덜해지면 다시 작은 조각을 내서 재활용을 하는 한이 있어도 말이다.

지금 러시아 알타이공화국에 사는 알타이인들은 대부분 정착을 했다. 러시아식으로 나무 집을 짓고 산다. 단지 차이가 있다면 집 앞 마당에 유르트 모양의 나무 집을 만들고 여름 집으로 삼는 것이다. 유목을 하기도 하지만, 양치기들이 임시로 거처하는 오두막을 곳곳에 만들어 놓는 식이다.

이처럼 외형적인 주거 생활은 바뀌었지만 여전히 유목민의 생활 습관을 유지하는 것이 있으니, 이사할 때 카펫은 아주 정성스럽고 조심스럽게 날을 정해 놓고 옮기는 것이다. 즉 우리가 이사할 때 손

없는 날을 따지듯이 1년에 한두 번밖에 없는 날에 카펫을 옮긴다고
한다.

그날 카펫을 옮기는 장면을 목격한 것은 우연이었다. 2011년 8월
에 심포지엄 참석 차 러시아 데니소바 동굴에 머물렀고, 잠시 틈을
내서 우스티-칸의 구석기 동굴로 답사를 가는 길이었다. 이동을 할
때는 창가에 앉아 습관적으로 카메라를 들고 풍경을 찍는데, 알타이
마을을 지날 때 순간적으로 할머니, 딸, 손자가 카펫을 가지고 일렬
로 가는 장면이 눈에 들어왔다.

투르크 사람들은 술탄의 왕위식도 카펫 위에 왕이 앉는 것을 중
심으로 진행했다. 카펫은 곧 지엄과 존엄의 상징이었으며, 또한 유
목민의 집을 상징하기도 했다. 카펫이 사방으로 날아다닌다고 생각
한 신드바드의 이야기는 결국 말에 카펫을 싣고 달리다가 그 카펫을
펼치는 순간 그 공간이 집이 되고 집무실이 되며, 왕권이 살아 숨 쉬
는 공간으로 바뀐다고 생각한 유목민들의 정신세계가 반영된 것이
아닐까.

진실은 유물에 있다

| 양탄자를 들고 가는 알타이 가족.

초원 시장의
꼬치구이와 만두

유목민과 농경민이 만난 최초의 시장이 어디인지는 정확하지 않다.
하지만 2500년 전 러시아 알타이의 고원 지대에 만들어진 유목민
의 무덤에서 그 대략적인 모습을 확인할 수 있다. 파지릭 문화라고
하는 알타이의 유목 문화는 신라의 적석목곽분에서 보이는 것과 아
주 유사하기 때문에 한국에서도 관심이 많다.

　이 무덤 안에서는 중국제 칠기와 거울도 발견되었다. 파지릭 문
화권 사람들이 중국 신장성의 오아시스 근처 시장으로 내려가 중국
제 물건을 교환한 증거이다. 또 곡식을 갈아 먹을 수 있는 휴대용 맷
돌도 함께 발견되었다. 그들은 곡식을 갈아서 마치 현재 티베트인의

참파 같은 음식을 만들어 먹었고, 저승길에도 그 맷돌을 같이 넣어 보낼 정도로 곡식이 귀한 음식이었다.

19세기 말에서 20세기 초반에 중앙아시아를 여행한 러시아 탐험가 코즐로프P. K. Kozlov에 따르면 유목민의 대형 카라반이 정착민의 마을에 나타나서 펠트, 기름, 피혁 제품 등을 내어놓고 빵, 곡식, 차, 실크, 그릇, 자잘한 은제 장신구 등을 사 갔다고 한다. 평생을 이동하는 유목민들이니 시장은 정착민들의 마을에서 열릴 수밖에 없다. 끊임없이 이동하며 유르트에서 살아야 하는 유목민들은 무겁고 거추장스러운 물건 대신 식량과 가벼운 생활도구나 장신구들을 주로 선호했다.

유목민과 농경민의 공존은 중국 북방도 예외가 아니었다. 하지만 역사적으로 중국의 왕조들은 초원과 정착민 사이의 교류를 인위적으로 끊으려 했으니, 바로 현재 중국을 대표하는 유적인 만리장성이 등장한 배경이다.

중국이 아무리 장성을 쌓고 북쪽의 이웃과 교역을 단절하려 해도 사람들은 여전히 만리장성 근처에서 시장을 열고 서로 교류했다. 장성의 관문 근처에서는 관시關市 또는 호시互市라는 이름의 장이 열려 서로 부족한 물건을 바꿨다. 변경의 시장이 가지는 역동성을 이해하지 못한 수많은 중원의 왕조들은 실패했다. 반면 만리장성은 사람들의 자연적인 교류와 시장의 형성은 결코 인위적으로 막을 수 없다는 점을 보여 주는 역설적인 건축물이 되었다.

장성 지대에 펼쳐진 시장에서 유행하여 지금도 널리 먹는 음식이 두 가지 있으니, 바로 꼬치구이와 만두다. 러시아어로 샤슬릭, 중국어로 로우추알肉串이라고 불리는 꼬치구이는 고기에 농경민족이 좋아할 만한 향료와 양념을 치고 베어 먹기 좋은 크기로 잘라서 꼬챙이에 끼운 요리로, 한나라 때 흉노와 이웃한 중국 북방 지역에서 널리 유행했다.

빠오즈, 만티, 펠메니 등 다양하게 불리는 만두는 고기를 소로 하고 그 겉을 얇게 민 만두피로 싸서 먹는 요리로, 만들기는 다소 번거로워도 빠르게 요리할 수 있고 먹기도 좋다. 게다가 고기와 곡물이 적당히 조화를 이루어 유목민에게 부족한 탄수화물을 보충하는 데 안성맞춤이었다.

한나라 때 흉노와 중국의 경계였던 간쑤성 쟈위관의 벽화에도 이 두 음식의 모습이 남아 있어 2천 년 전 초원과 중국의 변경에서 유행한 시장 음식의 기원을 떠올려 볼 수 있다. 산시(섬서)성과 간쑤성은 예부터 유목 문화와 중원 문화가 융합되는 곳이었다. 가장 이른 꼬치구이들이 모두 만리장성과 인접한 지역에서 흉노가 발흥하던 때에 발견되었으니, 꼬치구이는 흉노에서 기원하여 중국의 북방으로 유입되었다고 볼 수 있다.

흉노에서 시작된 꼬치구이는 한나라 때 중국 북방에서만 유행했지만, 이것이 전 중국으로 확대된 때는 고구려가 발흥하던 시기로, 고구려의 꼬치구이가 중국 전역에서 크게 히트를 쳤다. 심지어 서진에서는 고구려의 꼬치구이로 나라가 망한다는 상소문마저 등장할 정도였다(실제로 그 상소문이 나오고 10년 뒤에 서진은 망했다). 고구려의 꼬치구이인 맥적은 고기에 된장 양념을 해서 특유의 노린내를 없애 정착 농경민의 입에도 맞는 음식으로 승화시킨 것이니, 진정한 고대 음식의 '한류'를 일구어 냈다고 해도 좋을 것이다.

꼬치구이는 바로 초원 유목민과 정착민의 활발한 문화 교류를 보여 주는 흥미로운 유물이다. 초원의 패스트푸드였던 꼬치구이는 지금도 러시아의 샤슬릭으로 최고의 인기를 누리고 있으며, 중국 역시 사방에 널려 있는 것이 꼬치구이집이니 가히 유라시아를 정복한 초원의 메뉴가 아닐 수 없다.

| 2천 년 전 중국 사람들이 썼던 양꼬치 화로(중국 시안시 산시박물관).

최초로
칫솔을 사용한 건
누구일까?

고고학의 특성상 수년만 지나면 이전 이야기를 불가피하게 정정해야 할 일이 생긴다. 매일 새로운 자료가 나오는 분야이기 때문이다.

지금은 절판이 된 나의 책《춤추는 발해인》(2009)에 발해인의 칫솔에 대한 내용이 있다. 그 책에서 몽골 친톨고이 요나라 유적에서 세계 최초의 칫솔이 발견된 점을 들어서 발해가 칫솔을 발명했을 것이라고 주장했다. 친톨고이 성터는 거란족에게 끌려간 발해 유민들이 만든 성터로 그 연대는 대략 서기 11세기에 해당된다. 그런데 바로 이곳에서 동아시아에서 보고된 칫솔 중 가장 이른 시기의 칫솔이 나온 것이다. 물론 서양에서는 칫솔을 1708년에 스테판 드라팔이 처음 발명했으니, 늦어도 한참 늦다.

몽골에서 나온 11세기 이전 유물 중 이와 비슷한 것을 찾아볼 수 없으며, 토기며 철기 등이 발해와 아주 유사하기 때문에 칫솔이 발해의 발명품일 가능성이 크다고 보았다. 그리고 책 내용 중 특히 이 대목이 뉴스에 보도된 적이 있어 지금도 인터넷상에 이 내용이 가끔 돌아다닌다.

그런데 2015년 카자흐스탄의 고고학 연구소에서 고고학자들과 만나 최신 자료들을 보는 중에 발해의 칫솔과 똑같은 유물이 있음을 확인했다. 카자흐스탄 남부의 오아시스 성지 유적 카스테크에 대한 다년간의 발굴품을 보던 중에 바로 친톨고이의 칫솔과 똑같은 구조로 되어 있는 칫솔을 발견했다. 그뿐 아니라 출토된 골각기며 주사위 등에서 전반적으로 친톨고이, 나아가서 발해의 것들과 많은 공통점을 발견할 수 있었다.

발굴자에게 자세한 발굴 정황을 물어보니 그 연대가 서기 8~9세기대가 중심이고 늦어도 10세기대 이후는 아닐 것이라고 한다. 현재까지 발해 영토에서 실물 칫솔이 발견되지는 않았다. 그러니 지금까지의 정황으로는 친톨고이의 칫솔이 발해보다는 카자흐스탄 남부 실크로드의 오아시스 도시에서 기원했을 가능성이 크다.

사실 상황은 더 재미있어지고 있다. 왜냐하면 발해 시기 몽골의 위구르 제국과의 관련성은 콕샤로프카 유적(러시아 연해주에서 발굴된 발해의 성터)에서도 발견되고 있기 때문이다. 즉 우리가 알고 있는 실크로드나 중앙아시아와의 교류가 신라뿐 아니라 발해와도 이어질 가능성이 커졌다.

여하튼 칫솔이 발해에서 기원된 것이 아닐 수 있다는 점은 아쉬워할 일이 아니라 발해 고고학의 또 다른 가능성을 열어 준다는 점에서 오히려 기쁘게 생각할 일이라 할 수 있다.

0   3 СМ

| 몽골의 친톨고이에서 출토된 칫솔. 뼈를 갈아 몸체를 만들었고 칫솔모가 꽂히는 곳에는 구멍이 숭숭 뚫려 있다. 친톨고이는 몽골 초원으로 끌려간 발해 유민이 살았던 곳이다.

진실은 유물에 있다

이누이트의
특별한 속옷

덴마크 해군 장교이며 북극 탐험가였던 칼 라이더Carl Ryder(1858~
1923)는 1884년과 1891~1892년에 그린란드를 탐험하고 그 기록
을 남겼다. 이 탐험에서 그는 그린란드 동부 해안에 살고 있던 에스
키모(이누이트)를 조사하고 다양한 자료를 수집했고, 그 대부분은 코
펜하겐 국립박물관에 소장돼 있다. 그가 모은 유물들은 현지 에스키
모들로부터 온 것인데, 놀랍게도 그중에는 현대의 티팬티와 같은 가
죽 속옷이 포함돼 있다.

칼 라이더가 가지고 온 에스키모의 티팬티 2점이 코펜하겐 박물
관에 전시되어 있는데, 끈에는 술이 달려 있다. 즉 그냥 속옷이 아니

라 이 팬티만 걸치고 집 안에서 활동했다는 뜻이다. 장식이 달려 있어 일종의 의식용이었던 것 같다.

이런 형태의 속옷에 관한 기록은 노르웨이 탐험가인 난센 Fridtjof Nansen이 저술하고 1919년에 출판한 책(《The first crossing of Greenland》)에도 등장한다. 이 책에서는 더 구체적으로 이 속옷의 그림과 함께 실제 이 옷을 입은 에스키모들의 모습이 묘사되어 있다. 그 그림에는 에스키모 부족에게 초대된 난센 일행의 모습이 담겨 있다. 대부분의 에스키모인들이 집 안에서 티팬티만 걸치고 거의 벌거벗은 모습으로 아무렇지 않은 듯이 생활하고 있는 장면이 묘사되어 있다.

사실 티팬티는 한국에서만 통하는 명칭으로, 영어로는 G-string 또는 C-string이라고 하고, 그냥 간단하게 string(끈팬티)이라고도 한다. 요즘이야 속옷에 많이 관대해진 사회 분위기 덕에 길거리 속옷 가게와 쇼윈도에서도 볼 수 있지만, 과거에는 쉽게 보기 어려운 물건이었을 것이다. 그런데 현재까지의 자료로 본다면 이런 선정적인 티팬티의 기원이 19세기 말 그린란드가 되는 셈이다.

선뜻 믿기 어렵다. 이 지역은 한랭하기로 유명한 지역인데, 어떻게 이런 속옷만 입고 다녔는지 쉽게 상상이 가지 않는다. 여름이라고 해도 결코 알몸으로 다니기는 쉽지 않았을 것이다. 아마 에스키모인들이 언제나 이렇게 벗고 살 수는 없었을 것이며, 각종 피부병을 없애고 일광욕을 하기 위해서 특별한 날에만 이 옷을 입고 다녔을 것 같다. 실제로 다른 기록들에는 (너무나 당연하겠지만!) 집 안에서도 옷을 든든히 껴입고 사는 모습이 묘사되어 있기 때문이다.

최근 북극권에서 발해-말갈계 허리띠걸이가 발견되고, 온돌도 사용했다는 자료들을 접하면서 의외로 북극권에도 재미있는 자료가 많다는 생각이 든다. 《삼국지》 위지 동이전에 기록된 읍루와 가장 유사한 사람들이 현재 러시아 캄차카와 추코트카 반도의 주민들이라는 점을 감안하면 의외로 비교 고찰할 재미있는 자료가 많을 듯하다.

참고로 에스키모라고 표현했지만 정식 명칭은 '이누이트'이고 단수 표현의 경우 'inuk'이다. 바로 내 이름이니…… 서양 사람들은 가끔 내 명함을 보고 알래스카 쪽 사람이냐고 물어보곤 한다. 그래서 이름을 'Kang, In Uk'으로 표기할 생각도 있었으나 그렇게 쓰고 보니 Mr. Kang in U.K.로 이해하여 '영국 사는 강씨'가 되어 버린다. 그냥 이누이트로 오해받는 게 나을 듯하다.

| 덴마크 코펜하겐 국립박물관에 전시되어 있는 이누이트의 팬티. 현대의 티팬티를 연상시킬 정도로 날렵하다.

발해로 건너간
초원의 악기

유라시아 초원 지역 유목민들 사이에서 가장 널리 퍼져 있는 악기로 주즈 하프Jew's harp, 러시아에서는 바르간이라고 하는 손가락만 한 크기의 작은 악기가 있다. 편자처럼 생긴 테두리가 있고, 그 안에 허리띠 버클 같은 철판이 붙어 있는 형태다. 이것을 입에 물고 가볍게 철판을 튕기며 구강이 공명통 역할을 하게 한다. 연주자는 호흡을 조절하고 구강 모양을 바꾸면서 다양한 음색과 음조를 만들어 낸다. 악기를 만드는 것도 극히 간단하고 휴대도 간편하며 특별한 음악 교육을 받지 않아도 쉽게 연주할 수 있기 때문에 유라시아 초원 일대에서 널리 유행했다.

진실은 유물에 있다

영어로는 유대인의 하프라는 뜻이지만, 유대인에게서 기원했다는 의미는 아니다. 중국에서는 구현口弦, 취금嘴琴 등으로 불리고 한국에서는 구금口琴이라고 일부 쓰이는 듯하다. 대부분 '입으로 부는 하프' 정도의 의미인 셈이다. 유럽에서 시베리아 일대, 그리고 동남아시아와 심지어는 아프리카까지도 분포해 있다. 분포도를 보면 글자 그대로 '한반도만 빼고' 유라시아 전역에 분포해 있는 상황이다.

이 문제를 집중적으로 연구해 온 마이클 라이트Michale Wright는 기원전 4세기대에 중국(아시아)에서 처음 만들어졌고 서기 13세기경에 유럽으로 전래되었다고 주장한다. 실제로 유럽 지역의 바르간은 대부분 서기 13세기 이후 것만 발견된다. 다만 19세기에 루앙Rouen 유적에서 5~7세기의 청동제 바르간 5점이 발견되었다고 하는데, 출토 상황이 불분명하다. 그리고 중국의 자료라고 그가 제시한 자료는 악사가 표현된 중국의 벽화로, 바르간인지 피콜로와 같은 관악기인지 불분명하다. 상황이 이러니 실물 자료로 본다면 서기 13세기 이전의 자료는 애매한 셈이다. 가장 원초적이고 간단한 악기인지라 태곳적부터 사용되었을 가능성이 높다.

이 악기는 휴대가 간편해 현재 초원 지역에서 목소리 노래throat singing와 병행하여 연주되니, 유라시아 초원 지역에서 유목 문화가 발생하면서 자연스럽게 기원했을 가능성이 더 높다. 실제로 알타이 지역에서는 샤먼들이 주로 연주하는데, 이 악기를 연주하면서 지상-천상-지하의 세 세계로 오고 가는 역할을 한다고 한다. 마이클 라이트가 악기의 기원을 중국으로 보았지만 꼭 그의 견해가 아니더라도 대부분의 학자가 북부 인도나 중앙아시아를 악기의 기원지로 지목하고 있다.

이 악기는 현재까지도 초원의 유목민들 사이에서 널리 사용되는 대표적인 초원의 악기이다. 실제로 가장 이른 시기의 실물 자료는 흉노의 고분이다. 한국의 중앙박물관과 몽골 과학원이 다년간 조사했던 유적으로 유명한 모린 톨고이에서 뼈로 만든 바르간이 출토된 바 있다.

러시아에서는 바르간이라는 정식 명칭보다는 터키어 계통의 민족들이 부르는 '카무스'로 더 자주 불린다. 야쿠트, 알타이, 투바, 바시키리야 등 시베리아의 투르크 계통 민족들 사이에서 주로 사용된다. 분명한 점은 이 악기는 유라시아 초원의 투르크 계통 민족이 주로 썼으며 철제 실물 자료로는 서기 13세기 이전으로 소급되지 않는다는 점이다.

그리고 2013년에 발해의 유적에서 이 바르간이 출토되었다. 심하게 녹이 슬어 있고 가운데 철판은 유실되고 없지만 전체 크기와 형태는 알타이 지역을 중심으로 시베리아의 투르크 계통 주민들이 주로 사용하는 바르간과 똑같은 유물이었다. 초원 지역에서만 발견되는 바르간이 발해의 유적에서 출토된 최초의 사례이다.

진실은 유물에 있다

사실 처음 보았을 때는 쉽게 믿을 수 없었다. 왜냐하면 현재까지 발견된 것 중 제일 이른 시기의 실제 고고학 유물이고, 게다가 이 유물은 한국의 문화권에서는 전혀 출토된 바가 없는, 그야말로 '초원의 유물'이기 때문이다. 발해 및 한국사 관련 유적에서 최초로 출토된 초원계 악기 유물인 것이다. 이 유물은 발해 안에 투르크 계통 사람들이 직접 거주했거나 교류를 했던 흔적이라고 볼 수 있다.

  발해가 초원 지역과 교류했던 흔적은 여러 부분에서 확인된다. 일찍이 러시아의 발해 연구가 샤프쿠노프는 발해와 초원 지역을 잇는 '담비의 길'을 제창할 정도였고, 소그드인들이 사용하는 은화도 출토된 바 있다. 중국 사서에는 나와 있지 않은 발해와 초원의 교류는 고고학이 대신 밝혀 주고 있다. 그리고 발해가 건국되자마자 가장 먼저 축하사절을 보낸 나라가 돌궐이었다. 연해주 발해 절터인 아브리코스에서는 네스토리우스교의 십자가가 출토되었고, 투르크의 문자가 새겨진 석판도 발견된 바 있다. 그러니 투르크 계통의 악기가 출토되어도 별로 이상할 것은 없다.

  국내에서는 발해가 고구려의 계승 국가라는 데에만 많은 관심을 두지만, 사실 발해는 극동 지역에서 광대한 영역을 지배했던 제국이었다. 그들은 중국 및 한국은 물론 초원 지역과도 다양한 교류를 했기 때문에 그와 같은 거대한 힘을 가질 수 있었다.

  우연히 발견된 이 작은 악기를 통해 발해가 단순히 물자만 교역한 것이 아니라 초원 지역의 음악도 교류했음이 증명되었다. 동아시아에서 큰 인기를 얻었던 발해의 음악, 그 인기의 배경에는 이렇게 여러 지역의 음악을 흡수하여 자신만의 예술세계를 만들었던 저력이 숨어 있었던 게 아닐까.

| 흉노 모린 톨고이 무덤에서 출토된 가장 이른 시기의 바르간 유물.

진실은 유물에 있다

러시아 판타지 소설에
등장하는 발해

1960년대 러시아에서 발해의 숨겨진 유물을 주제로 한 판타지 소설이 큰 인기를 끌었다. 이 책의 이름은《시호테-알린 산맥의 상형문자》로 극동 지역의 군대 신문사에서 일했던 소설가 멜렌티예프가 쓴 것이다. 시호테-알린 산맥은 우리나라에서는 시베리아 호랑이로 유명한 연해주의 백두대간에 해당하는 울창한 삼림이요, 상형문자는 바로 잃어버린 발해의 문자를 의미한다.

　2차 대전 직후 극동에서 통신선을 잇기 위해 깊은 산맥을 다니던 통신병들이 길을 잃고 헤매다가, 발해의 잃어버린 보물을 찾아다니는 현지 역사 선생을 만나서 놀라운 얘기를 듣는다는 것이 책의 내용이다. 거란의 침입으로 발해가 멸망하게 되자 발해 상경성에서 도망친 발해의 장인들이 놀라운 힘을 가진 발해 문자를 칼에 새겨 시호테-알린 산맥 어딘가에 숨겨 놓았다는 전설을 들은 것이다. 통신병들은 신비한 발해 문자로 만들어진 암호를 풀어서 발해의 칼을 얻고 신비스러운 체험을 했지만 결국 모든 것을 비밀에 부치고 부대로 복귀한다는 줄거리다.

저자인 비탈리 멜렌티예프(1916~1984)는 상트페테르부르크에서 태어나 어린 시절 배의 하역원으로 일하다 1939년 2차 대전에 참전하여 군 저널에서 일하며 필력을 키웠다. 전쟁이 끝난 후 전역한 1953년까지 자바이칼군관구의 잡지사를 담당하면서 시베리아, 극동과 관계를 맺었다.

그가 쓰는 소설은 주로 SF나 군사소설이었다. 특히 1957년에 출판한 《3월 33일》이라는 소설은 일본에서도 《우주기원제로년》으로 출판되어 제법 인기를 얻었다. 《시호테-알린 산맥의 상형문자》는 1961년 출판된 군사소설로 세 번에 걸쳐 출판되었고, 1965년에는 군소설 작품선에도 수록된 것으로 보아 제법 인기를 얻었던 것 같다. 그는 북한으로부터 조국해방훈장도 받았다고 하니 극동 지역에서 이런저런 활동을 했던 것 같다.

소설 내용은 고등학생이 읽으면 좋을 정도의 평이한 수준이다. 우리의 흥미를 끄는 점은 왜 멜렌티예프가 발해를 소설의 대상으로 했는가 하는 점이다. 이 책이 1961년에 출판되었으니 이때까지 러시아 내에서는 발해의 유물이 거의 발굴되지 않은 상태였다(러시아 최초의 발해 고고학자인 샤프쿠노프의 박사 논문이 출판된 것이 1968년이다). 물론 중국 헤이룽장성 일대에 동경성(상경성) 자료가 알려져 있긴 했지만 일반인이 쉽게 접할 수는 없었을 것이다.

그럼에도 불구하고 시호테-알린 산맥을 발해의 영역으로 보고 이야기를 전개한 것은 당시 러시아가 발해에 관한 지식이 적지 않았다는 점, 그리고 관심도 많았다는 점을 의미한다. 무엇보다 발해가 현재 러시아 영역 안에 존재했던 동양의 신비로운 나라였기 때문일 것이다.

| 발해를 소재로 한 러시아 소설 《시호테-알린 산맥의 상형문자》 초판(1961년).

러시아 사람들에게 발해는 자신들이 직접 찾아낼 수 있는 보물을 숨겨 놓은, 마치 외계 문명처럼 잃어버린 고도의 문명으로 간주되었던 듯하다.

그래서 《시호테-알린 산맥의 상형문자》는 단순한 역사소설이나 모험소설이 아니라 군사소설과 SF, 역사가 결합된 일종의 판타지 소설에 들어간다. 아마 발해는 작가에게도 많은 감흥과 상상력을 불러일으키는 존재였던 듯하다.

돼지비계로
대동단결

내가 좋아하는 음식 중 혐오스럽게(?) 보일 수 있는 것은 껍데기이다. 원래는 돼지의 좋은 부위를 팔고 남은 부속 중 하나로, 값싼 술안주로 삼아 단백질과 지방을 보충하는 데 애용되었다. 사실 돼지 껍데기는 돼지를 먹는 모든 국가에서 공통적으로 볼 수 있으며, 다들 도살하고 남은 부속을 나눠 먹다가 음식으로 발전한 경우다.

영국의 돼지 도살자들이 먹기 시작해서 나중에 미국 남부까지 퍼져 별미 음식이 된 포크스크레칭pork scratchings은 돼지비계에서 라드를 추출하고 남은 껍질을 튀긴 것이다. 비슷한 요리로 러시아(우크라이나)에는 슈크바르키라고 하는 요리가 있다. 중국에서도 껍데기를 얇게 썰어서 냉채처럼 만든 요리를 종종 먹었던 기억이 난다. 다만 돼지 껍데기에 대한 그로테스크한(?) 이미지 탓에 주로 그 원형을 알 수 없게 먹지만, 원형 그대로 먹는 경우가 있으니 바로 한국과 러시아(우크라이나)의 요리이다.

러시아의 요리는 가장 원시적이며 야성적인 형태의 '살로'이다. 이는 돼지비계(가끔 삼겹살처럼 살이 붙어 있는 부위도 있지만, 대체로 비계만 있는 부분을 선호한다)를 네모나게 썰어서 소금에 절인다. 며칠 지나 비계 속으로 소금이 침투하면 더 이상 침투하지 않은 겉의 소금은 털어 낸다. 그리고 겨우내 그 비계를 얇게 썰어서 빵에 얹어 먹는다. 의외로 부드럽고 고소해서, 마치 한국 사람들이 청국장을 좋아하듯이 대놓고 얘기는 하지 않지만 사랑하는 음식이다. 나도 무척 좋아해서 영하 30~40도의 추운 날에 살로 두 점만 먹으면 금방 온몸이 따뜻해지는 느낌이다.

한국에서는 최근 10여 년 사이에 돼지 껍데기를 양념만 해서 통째로 구워 먹는 것이 유행이다. 나도 돼지 껍데기를 처음 먹어 본 것이 10여 년 전이다. 그 전에는 주로 허름한 고깃집들이 몰려 있는 곳에서만 팔았다면, 최근 콜라겐의 효과가 소문이 나면서 급격히 유행하게 된 것 같다.

그런데 돼지의 껍질이나 기름을 미용으로 사용한 예는 적어도 2천

진실은 유물에 있다

년 정도의 역사를 지닌다. 《삼국지》 위지 동이전에 따르면 동이족 중 가장 북쪽에 살던 읍루족들이 비계를 애용했다는 기록이 보인다. 숙신, 읍루, 물길 등 극동아시아의 동북쪽 끝에 살았던 사람들의 기록은 매우 흥미롭고 때로는 불결해 보이기까지 한다. 왜냐하면 화장실이 집 안에 있었고 오줌을 받아 썼으며, 몸에 돼지기름을 발랐다고 하기 때문이다.

화장실이 집 안에 있었다는 기록은 쉽게 이해가 된다. 왜냐하면 오줌은 암모니아 성분으로 옷을 빨래하고 소독하는 데 쓰였으며 때로는 약으로도 쓸 수 있기 때문이다. 또 다른 오줌의 용도로 모피의 가공과 세탁이 있다. 동서양을 막론하고 모피 가공에는 엄청난 악취가 따른다. 모피의 무두질과 세탁에는 대량의 화학물질이 쓰였고 그중 오줌의 쓰임새 또한 중요했다. 한대 지역에 거주했던 읍루와 숙신족들은 고대 이래 모피의 가공과 교역에 종사했으니 그들에게 오줌은 그냥 버리는 것이 아닌 귀중한 자원이었다. 추운 겨울 밖으로 나가 볼일을 보거나 수거하기 어려웠던 읍루인들은 그래서 아예 집 안에 인분을 저장하는 공간을 마련한 것이었는지 모른다.

그런데 다음으로 재미있는 기록은 그들이 추위를 견디기 위해서 돼지기름을 발랐다는 내용이다. 돼지기름은 본초학에서 보면 종기, 동상, 육독을 다스리는 데 특효약이라고 한다. 《설문해자》에 따르면 동물성 기름은 지脂와 고膏로 나뉜다. 지는 덩어리진 비계요, 고는 무정형의 연고와 같은 형태이다. 즉 고대부터 동물의 기름을 그 형태에 따라 다양하게 활용했음을 알 수 있다. 그런데 읍루의 기록에는 '豬膏塗身'이라고 나와 있다. 즉 연고 형태로 돼지기름을 뽑아내서 발랐다는 것이다. 돼지비계를 그냥 문지르는 것만으로는 효과가 없는 게 당연하니, 이런 연고 형태로 바르는 게 맞을 것이다.

읍루족은 이후 말갈과 여진을 거쳐 현재 만주족의 조상이 되었다. 현재 만주족 사이에도 돼지껍질은 좋은 미용 재료로 쓰인다. 매년 새해가 되면 만주족은 돼지를 잡는데, 가정 먼저 살코기와 피를 섞은 순대와 얼린 돼지껍질豬皮凍을 만들어 먹는다. 이 얼린 돼지껍질은 체력을 보충하고 피부를 곱게 하는 미용의 효과가 있다고 믿기 때문이다. 아마 읍루인들의 돼지기름도 추위 속에서 자신의 건강을 지키는 비방이었을 것이다.

이쯤 되니 읍루인들이 돼지기름 연고를 몸에 발랐다는 것은 충분히 수긍이 가는 이야기이다. 하지만 더 흥미로운 점은 읍루인들이 살았던 지역은 너무 북쪽이라 돼지를 치기에는 적합하지 않다는 점이다. 《삼국지》 위지 동이전에는 읍루인들이 돼지를 잘 친다고 되어 있지만, 그들이 사는 지역이 아주 추운 지역이고 농사가 잘 되지 않는 지역이기에 돼지를 널리 칠 수 있었는지는 아직 증거가 없다. 고고학적 증거를 보아도 양돈의 증거는 없다. 아마 멧돼지들을 잡아서 먹었을지도 모른다.

집 안에 화장실을 두고 돼지기름을 바른 야만과 미개의 대명사였던 읍루족들. 최근 중국 헤이룽장성 동북부의 싼장 평원 지역에서 그들의 거대 성지가 발견되고 있으며, 고고학적으로 볼 때 그들은 미개가 아니라 좀 더 호전적으로 살며 주변 집단을 괴롭혔다. 그 추위를 견디고 자신들만의 문화를 일구어 낸 읍루인들은 이후 말갈로 이어지고, 여진족이 되어 국가를 이루었고 결국은 청나라로 이어져 중원을 정복했다. 그들의 풍습은 최근까지도 극동 지역에 사는 퉁구스, 고아시아족들 사이에 잘 남아 있다.

| 읍루인의 주거지와 유사한 19세기 캄차카 반도 원주민의 주거지.

과하마와
프르제발스키말

동예와 고구려의 특산품 중 하나였던, 과일나무 아래를 통과할 수 있을 정도라는 뜻의 '과하마果下馬'와 비슷한 야생 조랑말이 중앙아시아와 실크로드에 남아 있다. 이 야생의 조랑말을 처음 발견한 사람은 러시아의 대표적인 실크로드 탐험가인 니콜라이 M. 프르제발스키(1839~1888)로, 그가 발견한 이 야생마도 그의 이름을 따서 프르제발스키말로 명명되었다.

　이 말의 크기는 대체로 120~130센티 정도로, 몽골의 전통적인 말과 비슷한 크기이다. 전반적으로 다리가 짧고 머리가 큰 다부진 형태로, 얼핏 보면 당나귀와 착각할 정도이다. 몽골말의 야생종이니 몽골 제국 시기에 제주도에서 키우기 시작한 제주도의 조랑말과도 관련이 있을지 모르겠다.

이 말을 처음 발견한 프르제발스키는 제정 러시아의 대령 신분으로 수차례에 걸쳐 실크로드와 중앙아시아 일대를 답사했다. 심지어 연해주 일대를 조사한 바도 있으니, 그야말로 유라시아를 아우른 대표적인 탐험가로 꼽힌다. 그의 3차 중앙아시아 탐사(1879~1881년)는 몽골에서 신장성 하미 분지를 거쳐 라싸로 가는 경로였다. 하지만 티베트 정부의 반대로 라싸는 들어가지 못하고 탕구라 산 근처에서 결국 몽골을 거쳐 러시아로 되돌아갈 수밖에 없었다. 하지만 그는 이 답사에서 다리가 짧고 목이 두꺼운, 마치 당나귀처럼 생긴 야생의 말 떼를 목격했고 사진과 그림으로 남기는 데 성공했다.

그가 발견한 새로운 종의 동물에 세계 학계는 열광했다. 바로 흉노와 몽골 제국의 전사가 타던 몽골말의 야생종이 실체를 드러냈기 때문이다. 이후 이 '숏다리' 말은 러시아의 동물학자 폴랴코프에 의해 발견한 사람을 기념하여 프르제발스키말이라 명명되었다.

실크로드의 신기한 말이 등장하자 20세기 초의 서양 각국은 경쟁적으로 이 말을 포획해 자기 나라의 동물원으로 끌고 갔고, 몽골 초원을 둘러싼 자연환경의 급변으로 프르제발스키말은 거의 멸종하게 되었다. 게다가 가장 자연 상태에 가깝게 프르제발스키말을 키우던 우크라이나의 아스카니아 노바 국립공원에서는 2차 대전 중에 사료를 아끼기 위한 독일군의 발포로 말들이 떼죽음을 당하는 비극적인 사건마저 발생했다. 결국 1960년대 이후 프르제발스키말은 멸종 진단을 받기에 이르렀다.

다행히 독일 뮌헨, 체코 프라하 등 여러 동물원에 남아 있던 프르제발스키말을 다시 야생으로 돌려보내는 전 세계적 프로젝트가 1970년대부터 가동되기 시작했다. 먼저 뮌헨과 프라하의 동물원에서 자라던 프르제발스키말을 번식시켜 몽골의 고비사막 등으로 보냈다. 하지만 쉽게 적응할 수는 없었다. 영하 50~60도로 떨어지는 혹독한 몽골의 자연환경이 문제였다. 동물원에서 편하게 살던 말이 갑자기 영하 수십 도의 환경에 제대로 적응하기란 쉽지 않았기 때문이다.

우여곡절 끝에 2011년부터 프라하 동물원이 보낸 프르제발스키말이 다행히 몽골의 야생에 적응하게 되었다. 중국 역시 이 말의 보호에 뛰어들어 신장성에서 적극적으로 말들을 키우고 있다. 이런 여러 노력으로 프르제발스키말은 극적으로 멸종의 길에서 빠져나올 수 있었다. 지금은 멸종에서 다소 안심할 수 있는 '위험종' 단계로 떨어졌다.

프르제발스키말은 다리가 짧고 키가 작은 몽골말과 매우 유사한 편이다. 다만 몽골말은 갈기와 꼬리가 긴 편이다. 많은 백과사전이 지역적으로 비슷하고 형태도 비슷하기 때문에 현재 몽골말의 기원

진실은 유물에 있다

을 프르제발스키말로 설정하곤 한다. 하지만 여기엔 오해의 소지가 있다. 현대 몽골말은 유전적으로 매우 다양한 요소들이 섞여 있음이 확인되었다. 프르제발스키말 또한 지난 수천 년간 야생으로 살면서 자신들만의 진화를 거듭한 결과 현대의 말과는 유전자의 염기서열이 아예 다르다. 하지만 두 말이 고대 언젠가 같은 조상을 두었을 가능성은 높다.

그렇다면 프르제발스키말은 과하마(사람을 태우고서 과실나무 가지 밑으로 지나갈 수 있는 말이라는 뜻으로, 키가 몹시 작은 말을 이른다. 고구려와 동예의 명산품이었다)와 어떤 관계가 있을까? 흉노 시절부터 몽골 초원에서는 다리가 긴 소위 호마胡馬(한혈마)와 몽골말이 같이 존재했다. 기마문화가 발달된 고구려 역시 두 종류의 말을 용도에 따라 탔을 것이다. 예컨대 무거운 철갑을 두르는 농성전에는 호마 계통을, 운송 수단으로 이용하거나 험한 자연환경에서는 지구력 강하고 환경에 적응을 잘하는 과하마 계통을 더 선호했을 것이다.

그런데 동예 지역은 함경남도 일대로 고고학적으로 발달된 개마나 기마민족이 있었다는 증거는 없다. 아마 고구려에 복속되어 양질의 조랑말을 키우던 종마장의 역할을 했던 것 같다. 《위서》에도 주몽이 키우던 말을 과하마라고 적고 있다. 고구려는 몽골 초원 지역과 교류하며 양질의 말을 수입하고 개량했다. 고구려가 유연과 지두

우를 분할하고 초원 지역과 교류하던 주요 목적 중 하나가 바로 말이었다. 동아시아와 중앙아시아 일대의 토착 조랑말을 개량한 몽골말을 들여와 동예 지역에서 조련했을 가능성도 있다.

한편 2천 년 전 흉노 선우(흉노 왕의 칭호)의 무덤인 노인울라 20호 고분에 부장된 양탄자에도 프르제발스키와 비슷한 말을 타고 있는 기마 무사가 표현되어 있다. 이 말은 한눈에 보아도 거대한 머리에 다리도 짧고 갈기도 짧게 표현되었다. 그 옆에 있는 기마 무사와 키가 거의 비슷하니, 얼핏 보아도 그 높이가 1.5미터를 넘지 않을 듯하다. 그리고 오르도스 지역의 동물 장식에 표현된 말들은 유독 머리가 크고 다리가 짧게 표현된 말이 많다. 적어도 기원전 1천 년대에 중국 북방에서 프르제발스키와 유사한 말들을 주로 타고 다녔음을 말한다.

어쨌든 실크로드와 중앙아시아를 뛰놀던 몽골계 야생마인 프르제발스키말은 실크로드의 여러 유물과 그 운명을 같이한 셈이다. 실크로드에 열광한 세계 각국의 사람들은 경쟁적으로 프르제발스키말을 동물원으로 공수했고, 결국 너무 인기(?)가 좋아 파괴되는 운명에 처해졌던 중앙아시아의 고대문명과 같은 처지가 되었다.

생소한 이름으로 남은 몽골의 야생마 프르제발스키말과 우리 과하마의 관계가 자못 궁금해진다. 말뼈의 DNA를 비교하면 뭔가 재미있는 결과가 나오지 않을까.

진실은 유물에 있다

프르제발스키 탐험대가 보고한 프르제발스키말. 그들의 발견은 놀라웠지만 덕분에 이 야생마는 멸종의 위기에 처한다.

고려장의
진실

우리가 잘못 알고 있는 역사 상식 중 하나가 '고려장'이다. 늙은 부모를 갖다 버리는 풍습인 고려장은 전혀 근거가 없는 일제 강점기 식민 교육의 잔재로, 우리 역사 어디에도 그런 기록은 없다.

그렇다면 고려장이라는 오해는 어디에서 시작된 것인가. 아마도 고대 이래로 전해 오는 '빈장殯葬(사정상 장사를 속히 치르지 못하고 송장을 방 안에 둘 수 없을 때에, 한데나 의지간에 관을 놓고 이엉 따위로 그 위를 이어 눈비를 가릴 수 있도록 덮어 두는 일)'이라는 풍습과 관계가 있을 것이다. 사실 초원 지역의 경우 겨울이 7~8개월에 이르기 때문에 시신을 필연적으로 오랜 기간 바깥에 둘 수밖에 없고, 그러한 장기간의 보존을 위한 방부 처리가 자연스럽게 미라의 형성으로 이어졌기 때문이다.

빈장은 한마디로 시신을 무덤에 매장하는 사이에 일정 기간을 두고 제례를 지낸다는 점에서 가매장, 세골장(뼈만 추려서 넣기) 등과도 일맥상통한다. 다만 빈殯이라는 용어는 삼국 시대의 귀족과 일본의 귀족이 죽은 경우에 해당되는 것으로, 1~3년간 죽은 사람을 산 사람처럼 모신 후에 무덤에 넣는 것을 말한다.《수서隋書》의 고려(=고구려) 전에 다음과 같은 기록이 있다.

'사람이 죽으면 집 안에 안치하여 두었다가, 3년이 지난 뒤에 좋은 날을 가려 장사를 지낸다.'

그리고 거의 유사한 풍습이 같은 책《수서》의 왜전에도 있었다. '죽은 자는 관곽에 넣으며, 친척과 손님들은 주검 앞에서 노래하고 춤을 춘다. (죽은 자의) 처자와 형제들은 흰 천으로 옷을 만들어 입는다. 귀한 사람은 바깥에서 3년 동안 빈례를 치르고, 일반 사람들은 (좋은) 날을 점쳐서 매장을 한다.'《니혼쇼키》,《만요슈》,《고지키》등에 관련 기록이 보인다. 백제와 신라에서도 빈장이 보이니, 한마디로 동아시아에서 아주 보편적인 장례 방법이었던 것 같다.

일본 고고학계에서는 1993~1997년에 발굴 조사된 마쓰야마하사자이케 고분 1호 석실을 빈장의 유력한 증거로 내세운다. 이 고분은 3구의 인골이 6세기 후반에 약 50년에 걸쳐서 순차적으로 매장된 고분이다. 그중에서 가장 마지막에 묻힌 사람은 10일간의 빈殯 의식을 거친 후에 매장된 것이 밝혀졌다.

사실 고고학적 발굴에서 시신은 거의 남지 않기 때문에 그 시신을 얼마간의 시일에 걸쳐 묻었는지를 밝히기는 거의 불가능하다. 하지만 일본 고분 시대의 빈장이 밝혀지게 된 것은 소위 시충尸蟲(시신에 생기는 벌레)의 존재를 확인할 수 있었기 때문이다.

전통 한의학에서는 '삼시충'이라고 하는 배 속에 사는 세 가지 벌레를 말하는데, 시충은 엄밀히 말하면 정식 생물용어는 아니다. 사실 시충은 구더기와 파리를 말한다. 얼핏 보기에는 사체 속에서 벌레가 나오는 것 같지만 근처의 날파리가 알을 낳고 간 것이 부화한 것이다. 그리고 이 하사자이케 고분에서는 인골 근처에서 대량의 기생충 알이 발견되었다. 한국 경산 임당동 고분에서도 비슷한 파리의 알이 출토되었다고 한다.

삼국 시대의 무덤은 돌덧널무덤(석실분)이라고 해서 하나의 무덤에 부부나 가족을 같이 안치한다. 즉, 수십 년의 시간을 두고 몇 차례에 걸쳐서 시신이 추가로 안치되는 석실분의 경우 각 시신이 묻히는 사정은 서로 다를 수밖에 없다. 그리고 갑자기 사고로 사람이 죽는다면 무덤을 다 만들 때까지 몇 년을 기다려야 한다.

삼국 시대의 빈장은 보통 3년이라고 한다. 이 3년간 돌아가신 귀족을 마치 산 사람처럼 빈궁殯宮(일본어로 모가리노미야) 또는 빈전殯殿

　　　　　　　　　　진실은 유물에 있다

에 앉아 있는 채로 모셔야 한다. 때가 되면 산 사람처럼 음식도 올리고 옷도 갈아입혀야 한다. 그러니 그 사이에 부패가 진행되는 것을 막아 외형을 최대한 산 사람과 비슷하게 보존해야 한다.

산속의 정자나 사당에 이처럼 죽은 사람을 모시는 것이 와전되어 후대에 고려장이라는 이름으로 잘못 알려진 것이다.

| 일본 마쓰야마 박물관에 전시 중인 하사자이케 고분의 복원 모습.

제2부

고고학자의
노트

1장

고고학이란

고고학은
인연이다

최근 장안의 화제였던 일본 애니메이션 〈너의 이름은〉에서 시공을
달리하는 두 남녀를 잇는 주요한 매개체로 매듭(무스비)이 등장한다.
무스비는 일본 신토(조상과 자연을 섬기는 일본 종교)에서 인연을 상징
하는 매개체로 주로 사용된다. 그런데 고고학 발굴 결과 이렇게 끈
으로 사람을 잇는 전통은 수천 년 전부터 유라시아에 널리 퍼져 있
음이 증명됐다.

2400년 전 남부 시베리아 알타이 초원의 고분에서 여성 미라가
발굴됐는데, 그녀의 가냘픈 손가락 사이에는 붉은 노끈이 이어져 있
었다. 붉은 끈이 생명의 인연을 뜻하는 것은 바로 태아의 탯줄이 연

상되기 때문일 것이다. 무덤은 곧바로 죽은 자를 위한 집이요, 어머니의 자궁을 상징했으니 저세상에서 환생하기 위해 무스비를 손에 쥐여 줬던 것이다.

인연을 강조하는 것은 불교뿐 아니라 유라시아 여러 민족의 종교에 잘 남아 있다. 많은 민족의 신화 세계에서 끈은 이승과 저승 사이 경계의 의미로 착용됐다. 양털을 꼬아서 만든 띠는 심지어 악령으로부터 자신을 보호하는 역할을 하기도 했다. 지금도 알타이의 원주민들은 도로 근처의 성스러운 나무에 소원을 빌면서 '카이라'라고 하는 리본매듭을 묶는다. 그리고 몽골과 바이칼에 사는 부랴트족 사이에는 손님이 오면 '하닥'이라는 긴 천으로 마치 목도리를 두르듯 어깨에 걸어 주는 풍습이 있다.

고고학은 파편만 남은 유물을 매개로 과거와의 인연을 잇는 학문이다. 고고학자가 발굴하는 유물은 과거와 현재를 잇는 인연의 끈인 셈이다. 고고학자가 발견하는 유물은 크게 의도적으로 묻힌 것과 우연히 버려진 것으로 나뉜다. 무덤에서 출토되는 유물은 의도적으로 묻힌 것의 대표적인 예이다. 저승 가는 사람이 가져가라고 이런저런 물건을 넣어 준 것을 현대의 고고학자가 다시 꺼내는 것이다. 반면에 집터나 조개무지에서 발견되는 유물들은 사람이 살다 버리고 간 집이나 쓰레기장에서 발견되는 유물이다.

이렇든 저렇든 과거 사람들이 사용했던 유물을 고고학자가 다시 찾을 수 있는 확률은 극히 드물다. 임진왜란 때 남해안 일대에서 조선의 수군은 왜군을 맞아 치열한 전투를 벌였고, 그 와중에 수백 척의 배들이 침몰했다. 지난 수십 년간 거북선과 이순신 장군의 흔적을 찾기 위해 수많은 탐사대가 남해안을 조사했건만 그 흔적은 전혀 찾을 수 없다.

생각해 보자. 내가 어렸을 때 가지고 놀던 인형이 어딘가에 묻혀 있고, 그것이 수천 년 뒤에 다른 사람의 손에 의해 발견될 가능성은 거의 제로에 가깝다. 고고학적 유물은 그러한 제로에 가까운 가능성을 뚫고 우리 앞에 놓여 있다. 그러니 기적 같은 인연은 사실 영화뿐 아니라 우리가 흔히 보는 유물 모두에 숨어 있는 것이다.

연인들이 주고받는 사소해 보이는 목걸이나 매듭이 인연을 상징하는 이유는 그 속에 수많은 사연과 기억이 들어 있기 때문이다. 고고학 유물도 마찬가지다. 작은 토기 조각 하나하나에서 수많은 과거 사람들의 모습을 찾아내야 한다. 그리고 그렇게 찾아낸 사소한 인연의 결과는 결코 작지 않다.

얼마 전 세계적인 과학잡지 《사이언스》와 《네이처》에는 알타이 지역에서 살던 20만 년 전의 네안데르탈인에 대한 논문이 실렸다. 유라시아에서 존재했던, 기존에 몰랐던 새로운 인류가 발견됐다고 전 세계 고고학계는 흥분했고, 그 인류의 이름은 '호모 알타이엔시스'라고 명명됐다.

그런데 사실 고고학자들이 찾아낸 것은 알타이의 구석기 시대 동굴 유적에 있던 어린아이의 자그마한 이빨 한 개뿐이었다. 그것도 30여 년 전에 발견한 것으로, 지난 수십 년간 다양한 나라의 학자들이 모여서 새로운 인류의 기원을 찾아낸 것이다.

어두컴컴한 데니소바 동굴에서 파낸 흙을 샅샅이 조사한 고고학자의 끈기가 없었다면 '호모 알타이엔시스'와 우리의 인연은 이어지지 못했을 것이다. 사소한 유물 하나가 우리를 과거와 이어 주는 거대한 인연의 끈이 될 수 있기 때문에 고고학자들은 흙 한 줌도 쉽게 지나치지 못한다.

본격적으로 대학원에서 고고학을 전공하기로 마음먹고 발굴장을 찾아갔을 때 제일 먼저 한 일은 고무장갑을 끼고 갓 발굴해 온 토기들을 칫솔로 문질러 닦는 일이었다. 흙을 뒤집어쓰고 허리도 제대로 못 펴면서 흙 구정물 속에서 솔질을 하는 내 모습이 참 불쌍해 보였던 것 같다. 심지어 동네 학부모들이 아이들을 데리고 와서는 '너희들도 선생님 말 안 듣고 공부 안 하면 저렇게 된다!'며 교육의 본보기로 삼기도 했다.

사실 토기 세척은 시작에 불과하다. 닦아 낸 토기는 잘 말린 후에 학교로 가져와서 오랜 기간 동안 다시 본드로 붙이고 사진을 찍는 등 많은 시간을 걸쳐서 정리해야 했다. 사람들은 흔히 고고학이라고 하면 황금을 찾는 보물찾기로 생각한다. 그도 그럴 것이 고고학 전공이 있는 대학이 많지 않아 실제 고고학자를 보기가 쉽지 않기에, 대신 영화 속 신나는 모험을 하는 주인공을 떠올리기 때문이다. 하지만 실제 고고학은 사소한 유물 속에서 끈기 있게 과거와의 인연을 찾아내는, 모험심보다는 역사에 대한 탐구와 끈기가 필요한 직업이다.

고고학의 목적은 황금이 아니며, 고고학은 과거의 사람이 어떻게 살았는지를 밝히는 인문학이다. 거대한 건축물의 화려함이 아니라 건물을 만들고 살았던 사람들을 공부한다. 자그마한 유물에서 과거와의 인연을 찾고, 또 그 속에서 과거의 사람을 찾아내야 한다. 발굴장에 가면 고고학자들은 황금도, 제대로 된 유물도 없는 흙 속에서 잔손질을 하면서 유물을 찾고 있다. 바로 그 한 손길 한 손길이 과거와 우리를 잇는 인연을 만들어 내고 있다.

고고학은
유유상종이다

흔히 일반 사람들은 고고학자들이 마치 TV 프로그램에서 골동품을 평가하는 것처럼 연구한다고 생각한다. 실제로 고고학자는 유적 현장에서 토기편을 보고 이것은 신라, 백제 또는 신석기 시대, 청동기 시대라고 쉽게 판정을 내려 주기도 한다.

고고학자들이 유물을 분석하는 데 사용하는 가장 일반적인 방법을 '형식학typology'이라고 한다. 유물의 색깔, 크기, 재질 등을 종합해서 비슷한 것들을 하나의 '형식'이라고 묶어 연구하는 것이다. 흔히 옷이나 장신구를 말할 때 쓰는 '스타일style'과도 비슷하다. 스타일은 전반적인 특징을 한데 어울러서 말하는 반면에 형식은 유물의 길이,

색깔, 형태 등 구체적인 특징을 하나씩 분석하는 것이다.

본인들은 잘 인지하지 못해도 각 시대의 사람들에게는 자신들만의 독특한 형식이라는 것이 존재한다. 우리의 어린 시절 사진을 보자. 한껏 뽐을 내고 있지만 어쩐지 어색하고 촌스럽게 느껴진다. 아마 오늘 우리가 찍은 셀카 사진도 10~20년만 지나면 얼굴이 화끈거려서 제대로 보기 어려울 것이다. 본인들은 잘 느끼지 못해도 우리가 지니고 있는 물건들의 형식이 이미 바뀌었기 때문이다. 그런데 정작 사람들은 자신이 지금 쓰고 있는 물건이 이후에는 어색해질 것이라는 사실을 거의 못 느낀다. 그 이유는 치마나 소매 길이가 매년 조금씩 짧아지거나 길어지듯이 물건들의 유행도 그것을 쓰는 사람이 느끼지 못할 만큼 서서히 바뀌어 나가기 때문이다.

고고학자는 마치 '유유상종'이라는 격언처럼 유물이 발견되면 서로 비슷한 형식의 유물을 모으고, 그들의 특징이 무엇인지를 밝혀낸다. 그리고 서로 비슷한 형태일수록 그 유물들은 비슷한 시기와 장소에서 만들어졌을 가능성이 크다. 고고학자들이 '이것은 고구려 토기 같습니다'라고 말하는 이유는 그전에 이미 발견돼서 알려진 고구려 토기와 비슷한 형식이기 때문이라는 뜻이다. 스마트폰을 예로 들자. 예외도 있지만, 대체로 지난 몇 년간 스마트폰은 비슷한 조건에서 작은 화면을 점차 키워 왔다. 그러니 크기대로 배열한다면 대체로 스마트폰이 발달해 온 과정과 비슷할 것이다.

고고학자의 업무는 이렇게 서로 비슷한 유물들을 모으고 형식을 만드는 것에서 시작된다. 비슷한 유물을 비슷하게 쓰고 있다면 그들은 같은 시기에 살았던 비슷한 사람들이고, 그 변화를 배열하면 사람들이 살아온 과정과 일치하게 된다. 이런 과정을 거쳐서 우리 발에 차이는 사소한 유물 하나가 우리의 역사를 밝혀내는 자료로 활용된다.

얼핏 단순해 보이는 '형식학'이 고고학에 도입된 시기는 19세기 과학이 발달하면서 생물학의 진화론적인 개념이 널리 알려진 이후다. 생물은 점진적으로 환경에 맞게 형태를 바꾸어 진화한다는 것을 인정하는 데는 오랜 시간이 걸렸다. 바로 지난 수천 년간 서양을 지배했던 창조론 때문이다. 창조론은 단기간에 모든 생물들이 만들어졌다고 보기 때문에 점진적으로 생물이 변화한다는 진화론적인 사고를 인정할 수 없었다. 그러니 창조론이 대세이던 시절에는 고고학 유물도 마치 골동품 같은 것으로 다루어졌다. 진화론이 공인된 이후에야 비로소 고고학에 형식학이 확립되었고, 고고학은 과학의 일부가 됐다.

사소해 보이는 유물들을 형식으로 모아서 그 시간과 공간의 위치를 파악하고 나면 민족, 때로는 국가별로 고유한 문화를 볼 수 있다. 흔히 불교 화엄 사상을 '일즉다 다즉일一卽多 多卽一'이라고 표현한다. 하나의 현상은 융합돼서 전체를 반영하고, 전체의 모습은 하나의 현상으로 표출된다는 뜻이다. 물론 고고학은 종교와 거리가 멀지만, 이 금언은 유물을 대하는 우리의 태도와 참 유사한 부분이 많다. 고고학자는 하나의 유물에 숨어 있는 과거의 모습을 보고자 하고, 또 과거의 모습은 사소한 유물에 남아 있기 때문이다.

그러니 고고학자들이 가장 중요하게 생각하는 유물은 찬란한 황금이 아니라 흔하디흔해 보이는 토기 조각이다. 토기의 무늬와 형태, 원료가 된 점토의 성분, 그리고 구운 온도 등을 보고 쉽게 그 시대를 판정한다.

사소한 토기가 중요한 자료가 되는 이유는 빨리 쓰고 버리기 때문에 변화하는 시대를 빠르게 반영할 수 있기 때문이다. 이렇듯 계속해서 변하는 사물 속에 지난 시간 인간이 밟아 온 발자취가 녹아 있다. 20~30년 전 부모님의 젊은 시절이 담긴 사진을 보면 지금과는 다른 화장법과 옷이나 물건 때문에 우리는 다소 촌스럽다고 느낀다. 하지만 그 사소한 물건들의 변화에는 부모님 세대에서 우리로 이어지는 시간의 고고한 변화가 담겨 있다.

고고학은 형식이라는 틀을 가지고 사소한 유물의 변화를 통해 수천 년을 두고 이어지는 인간 세상의 흐름을 찾아 나간다. 찬란한 황금에 혹하지 않고 사소한 토기의 조그마한 변화에서 진정한 인간의 모습을 찾아간다는 점에서 고고학은 소박하지만 인간을 생각하고 연구하는 학문이다.

진실은 유물에 있다

실제 고고학을 전공하게 되면 수많은 유물들을 일일이 씻고 기록한 후에 비슷한 것들끼리 모으는 등 엄청난 노력과 끈기가 필요한 작업들이 이어진다. 고고학을 전공하고 싶어 하는 학생들이 찾아오면 나는 가장 먼저 발굴 현장과 유물을 정리하는 연구실로 보낸다. 고고학은 신나는 모험이 아니라 퍼즐을 이어붙이는 끈기의 학문이기 때문이다. 지금 이 순간에도 사소한 단서를 찾는 형사들처럼 고고학자들은 흙구덩이를 비롯한 수많은 발굴 현장에서 토기편들을 찾아내고 있다.

고고학은
파괴한다

유적의 발굴은 파괴를 전제로 한다. 한번 발굴한 유적은 어떠한 경우에도 되돌릴 수가 없기 때문이다. 한번 퍼낸 유적은 절대로 다시 복귀할 수 없으니, 삽질 하나하나에 신중할 수밖에 없다. 그래서 땅속에 있는 유적과 유물을 보존하는 제일 좋은 길은 역설적으로 발굴을 하지 않는 것이다. 그런데 마냥 땅속에 묻혀 있다면, 정작 과거의 유적과 유물에 대한 지식을 얻을 수 없기에 고고학의 발전은 저해된다. 그러니 최소한의 발굴로 최대한의 효과를 얻는 것이 고고학 발굴이 지향하는 바다. 그래서 고고학자들은 발굴을 '수술 자국이 작을수록 좋은 외과수술'에 비유하기도 한다.

최근에는 아예 발굴을 하지 않고 땅속의 유물을 파악하는 방법들도 개발되고 있다. 이집트 피라미드의 경우 발굴 대신에 탐침을 넣어서 무덤 속의 유물을 파악하는 방법이 쓰인다. 또 땅 밑으로 전류를 흘려보내서 흙 속의 전기저항 차이를 이용해 돌로 만든 무덤이나 옛 주거지를 발견하는 방법도 개발되고 있다.

이 같은 기술의 발달이 있지만 역시 고고학은 발굴을 해서 유물을 꺼낼 때 가장 많이 자료를 얻는다. 그러니 고고학자들은 발굴 작업에서 사소한 정보라도 놓칠까 주위를 기울이게 된다. 새로운 유적이 나오면 세밀하게 유물과 유적을 촬영하고, 도면으로 만들어 놓으며 일일이 노트한다. 아무리 다양한 기계의 도움을 받는다고 해도여전히 고고학 발굴장에서의 모든 과정은 사람의 손을 거쳐서 완성된다. 고고학 현장에서 강인한 체력과 꼼꼼함이 동시에 요구되는 이유이기도 하다.

고고학이 파괴를 의미하는 또 다른 이유는 '구제발굴' 때문이다. 보통 현대 구조물을 만드는 경우 땅을 깊게 파거나 메우는 정지整地 작업이 동반되기 때문에 땅속에 있는 유적의 파괴는 필연적이다. 구제발굴은 건물이나 도로를 만드는 과정에서 땅속에 있는 유적이 불가피하게 파괴될 때 공사에 앞서 미리 유적을 발굴하는 것을 말한다. 최근 건설 공사가 많아지면서 한국에서는 전체 발굴의 90% 이상이 바로 구제발굴이다. 정말 중요한 유적이라면 아예 공사가 중단

되거나 유적을 다른 지역으로 옮기기도 하지만, 대부분의 경우는 발굴이 끝나면 건물들이 들어서고 영영 그 자취를 찾을 수 없게 된다.

사실 구제발굴이 본격적으로 한국에 도입된 지는 30년도 되지 않았다. 그러니 서울 시내가 도시로 뒤덮이며 얼마나 많은 유적이 사라졌는지는 아무도 모른다. 하지만 구제발굴도 결코 이상적인 해법은 아니다. 발굴의 기술은 계속 발전하기 때문에 지금 아무리 최선을 다해서 발굴했다고 해도 수십 년, 수백 년이 지난 뒤에 우리의 후손들이 본다면 아쉬울 수밖에 없기 때문이다.

또 구제발굴이 이루어진다고 해도 천문학적 자본이 투자되는 신도시 건설 등의 경우 공사 일정에 밀려서 발굴이 재촉되는 경우가 비일비재하다. 지역 주민의 입장에서 보면 재개발로 아파트를 건설하는데 옛 토기 쪼가리 몇 점 때문에 몇 년씩 손해를 볼 수 없다며 민원을 제기할 수도 있다.

발굴을 둘러싼 심한 충돌은 최근 춘천 중도에 레고랜드를 건설하며 발생했다. 중도는 수백 개의 고인돌과 천여 개가 넘는 청동기 시대 유물이 있는 곳이다. 아마 우리나라 청동기 시대에 춘천 일대에서 가장 손꼽히는 중심지였을 것이다. 이 정도 규모라면 당연히 수십 년을 두고 장기간의 준비 과정을 거쳐서 최대한의 정보를 얻을 수 있는 준비를 해야 한다.

30여 년 전 일본 나라에서는 한국에서 건너간 도래인계 귀족무덤인 후지노키 고분이 발견된 적이 있다. 도굴되지 않고 거의 완벽하게 보존이 된 석관과 벽화가 발견됐고, 당시 한국의 언론에서는 이를 도래계의 증거라고 대서특필했다. 하지만 당시 일본은 석관을 다시 덮어 버리고 조사 중지를 선언했다. 도래인의 증거를 없앨 수 있다는 한국의 우려와 달리 이는 완벽한 조사를 위한 준비 기간이었다. 석관을 열기 전 탐침을 넣어 내부를 조사하고, 유기물질에 대한 준비를 한 이후 조심스레 석관을 열어 몇 년의 조사 끝에 그 자료를 발표했다.

중도 레고랜드 발굴의 문제는 사실 발굴 자체가 아니라, 왜 중도에 레고랜드를 설치해야 하는가에 있었다. 중도는 춘천 시내 한가운데에 위치해 경치가 수려하고 접근성도 좋다. 그럼에도 개발이 안 된 이유는 이곳에 유적이 있다는 사실이 알려졌기 때문이다. 유적의 규모와 그 의의로 볼 때 수백 년을 두고 천천히 조사해야 한다고 판단했고, 이를 대대손손 보존하기 위해 사적으로 지정됐다. 하지만 현대 정치와 사업가들은 개발을 포기하지 않았다. 유적이 있다면 빨리 발굴해서 그 위에 무엇인가 경제적으로 이득이 되는 것을 세우고자 결의했다.

경제논리를 앞세워 고고학 유적이 파괴되는 현실은 비단 중도뿐이 아니다. 문화재 조사의 핵심은 '불가역성' 즉, 한번 발굴한 것은 되돌릴 수 없다는 데 있다. 이제 고고학적으로 보면 중도가 개발되

건 개발되지 않건 큰 의미는 없다고도 볼 수 있다. 이 유적은 급하게 발굴이 돼서 이제는 껍데기만 남은 유적이기 때문이다. 더 이상 중도와 같은 발굴의 역사가 반복되지 않기를 바랄 뿐이다.

상처 입은 조개가 진주를 만든다는 속담이 있다. 고고학도 그러하다. 과거의 유적이 파괴되어 우리에게 그 속살을 보여 줄 때 비로소 우리는 과거인들의 모습을 알게 된다. 지금도 고고학 현장에서는 사소한 증거 하나라도 잃지 않기 위해 사진을 찍고 도면을 그리며, 체질을 해서 흘러나갈 수 있는 유물을 건져 올린다. 하지만 그 상처를 당연시하고 발굴에만 급급하게 된다면 우리 후세들에게 물려 줄 매장 문화재는 더 이상 남아나지 않을 것이다.

진실은 유물에 있다

고고학은
사랑이다

무덤은 죽은 사람을 위한 장소다. 죽은 사람의 마지막 안식처인 무덤은 바로 죽은 사람에게 보내는 살아 있는 사람의 마지막 사랑의 표현이다. 정성을 다해서 시신에 수의를 입히고 세심하게 위치를 잡아 부장품을 넣고 무덤을 만든다. 영혼의 불멸을 바라는 인간의 소망이 표현된 무덤을 통해서 고고학자들은 당시 사회를 복원한다. 대체로 살아생전에 큰 권력이 있던 사람의 무덤이 크고 유물도 풍부하다. 그리고 같은 민족이나 집단의 사람들은 무덤이나 부장품의 형태가 비슷하다. 고고학자들은 무덤에서 발굴된 토기, 무덤, 각종 유물들의 형태적인 차이와 동질성을 근거로 과거 사회를 분석한다.

당연한 이야기지만 죽은 사람이 직접 무덤을 만들 수는 없다. 무덤은 살아 있는 사람이 먼저 세상을 떠난 사람을 기억하고, 사후에도 행복한 삶을 이어가기 위한 바람으로 만든다. 즉, 무덤은 당시 무덤을 만들던 사람들이 무덤을 통해 발현시킨 생사관이 압축된 타임캡슐이다.

무덤의 또 다른 목적은 죽은 사람을 기억하는 제사에 있다. 남은 가족들은 무덤 앞에 모여 정기적으로 제사를 지내면서 자신들의 소속감을 강화시켰다. 유라시아 초원의 유목민들을 생각해 보자. 그들은 집이 없이 계속 떠돌았기 때문에 따로 모일 큰 집이 없다. 그러니 조상의 무덤에 모여서 조상의 영웅담을 이야기하고, 그들의 흔적을 바위에 새겼다. 초원에서 수없이 발견되는 바위그림(암각화)은 바로 유목민들이 서로 모이고 조상을 기억한 유적이다.

기원전 4000~3000년 내몽골 동남부에서 랴오닝성 서부 일대에 존재했던 홍산문화紅山文化에 속하는 무덤에서 발굴된 다양한 옥기는 고대 신석기인들의 생사관을 파악하기 위한 좋은 자료가 된다. 한국의 일각에서는 홍산문화를 한국 문화의 기원 또는 고조선의 일부로 파악하려고 한다. 중국도 홍산문화가 중화 문명과 관련성이 많다고 생각해 이에 많은 관심을 기울이면서 한중 역사 갈등의 또 한가지 테마가 되고 있다.

하지만 홍산문화의 진정한 의미는 고대 동아시아 제사 문화의 기원을 파악할 수 있다는 데 있다. 홍산문화에서는 직경 150미터에 달하는 돌무더기 제단과 제사장을 묻은 수십 개의 무덤이 발견됐다. 홍산문화의 사람들은 여신을 숭배하며 정기적으로 제사를 지내고 공동체 사회를 강화했다.

그런데 홍산문화의 무덤에서는 번데기와 나비 형태의 옥들이 대량으로 출토됐다. 알파벳 C자형으로 뭉툭한 입모양이 특징인 이 옥룡은 마치 자궁 속의 태아와 유사하며, 또한 나무에 달려 있는 곤충의 번데기 형상이다. 번데기에서 환골탈태하여 나비가 돼 세상을 날아가는 것처럼 세상을 떠난 사람들이 저승에서 다시 태어나길 바라는 염원이 담겨 있다. 또한, 옥룡과 함께 발견된 나비형의 옥기도 마찬가지 의미다. 태아 형상의 번데기가 점진적으로 나비로 변해서 날아오르는 과정을 표현한 것이다.

흥미로운 점은 고대 그리스에서도 영혼을 피어오르는 나비로 묘사했다는 점이다. 에로스와 결혼한 사랑과 영혼의 여신인 프시케는 나비로 표현된다. 한국에서도 나비 또는 나비의 날개를 영혼의 상징으로 자주 표현한다. 비단벌레의 나풀거리는 날개와 곡옥으로 장식한 신라의 왕관이나 천마총의 안장 장식도 나비를 영혼의 상징으로 표현한 예다. 번데기의 고치 같은 육신을 벗고 나비처럼 편하게 훨훨 날아가기를 바라는 마음에서 무덤에 나비와 번데기를 넣은 것이다.

결국 무덤은 죽은 사람에 대한 사랑이 체화된 기념물이다. 사실 무덤을 만드는 것은 죽음의 공포를 이기고, 떠난 사람에 대한 사랑을 보존하려는 인간의 마음이 표현된 것이다. 그리스 신화 속 죽음의 신인 타나토스는 이후 프로이트에 의해 인간 마음속에 있는 죽음의 본능을 대표하는 용어로 사용됐다. 무덤은 바로 인간의 죽음을 매장과 제사라는 과정을 통해 받아들이고 살아 있는 자들에게 체화시키는 과정이었다. 무덤은 단순히 죽은 자의 껍데기만 남은 육신을 보존하는 납골당이 아니었던 것이다.

사람들은 죽음을 인정하고 죽음이 또 다른 세계로 나아가는 황홀한 과정임을 되새기고자 했다. 사람이 죽는다는 것은 그가 가지고 있는 모든 것들이 파괴되는 것을 의미한다. 또한 남아 있는 사람들이 슬픔에 잠겨 자포자기 상태로 지내게 된다면 결국 그 사회는 속절없이 망할 수밖에 없다. 죽음을 영혼이 불변해 지속되는 나비로 표현하고, 죽은 자를 위한 거대한 기념물을 만들어 제사를 지내는 것은 바로 살아 있는 사람들이 이러한 죽음에 대한 본능을 해소하기 위한 행위였다. 즉 죽음이라는 자기 파괴적 본능을 억제하고 사회 공동체를 유지하기 위한 것이었다.

고고학자가 무덤에서 발굴하는 것은 대개 말라비틀어진 뼛조각, 그리고 토기 몇 편에 불과하다. 하지만 그 무덤에는 자신이 사랑하는 사람을 떠나보내던 과거 사람의 슬픔, 그리고 사랑이 깃들어 있

다. 수천 년간 땅속에 묻혀 있던 유물 속에서 그 사랑의 흔적을 밝혀
낸다는 점에서 고고학자는 정말 행복한 사람이다.

AI 시대,
고고학의 미래는?

세상은 빠르게 변하고 있다. 몇 년 뒤에는 우리가 알고 있는 대부분의 학문은 사라지고 심지어 대학도 없어질 것이라는 경고가 공공연히 들려온다. 천하무적 알파고의 등장, 자율주행 자동차, 의사로봇 왓슨 등 이제 세계는 4차 혁명과 AI의 등장을 걱정하고 있다. 이 혼돈의 시대, 과연 고고학의 미래는 어떻게 될까?

사람들은 흔히 '타임머신'이 발명되면 고고학자는 사라질 거라고 생각한다. 얼핏 생각해 볼 때 타임머신을 타고 원하는 시간으로 타임슬립을 할 수 있다면 굳이 힘들게 땅을 팔 필요가 없어 보인다. 하지만 실제로는 그렇게 만만치 않다. 예컨대 수천 년 뒤의 학자가

2016년 겨울 한국을 뜨겁게 달군 촛불시위 현장에 다녀왔다고 치자. 그 한 사람이 수백만 명의 움직임과 주장을 제대로 정리해서 결론을 내릴 수 있을까? 하다못해 지금 같은 곳을 여행 다녀온 사람들도 각자 생각이 다른데, 수천 년의 과거를 다녀온 사람이 어떤 결론을 내린다 한들 다른 학자들이 그냥 동의할 수는 없을 것이다.

이런 뜬구름 잡는 타임머신보다는 AI의 등장이 고고학에 더 많은 변화를 줄 것이다. 왜냐하면 고고학자들은 유물을 기록, 분류, 실측 그리고 보관하는 데 대부분의 시간을 쓰기 때문이다. 이런 작업의 상당수는 AI로 쉽게 대체할 수 있다.

물론 AI 로봇의 손에 직접 흙 속에서 유물을 찾는 섬세한 작업을 모두 맡긴다는 뜻이 아니다. 하지만 현재까지 개발된 기술만으로도 고고학 발굴에는 일대 혁명이 일어날 수 있다. 예컨대 발굴을 할 때 유물에 바코드 같은 것을 부여하면 자연스럽게 유물의 위치가 GPS로 표시되고, 이후 세척하고 보관되는 전 과정이 남기 때문에 박물관에서 유물을 관리하기에도 편할 것이며 도난도 막을 수 있다. 또한 실측이라는 과정을 통해서 일일이 유물과 유적을 그리는 대신 3D 스캔이 도입될 수 있다. 보존하기 어려운 벽화나 금방 부스러지는 유물들의 경우 3D 프린터를 이용해서 발굴 당시의 가장 정확한 정보를 기준으로 복제품을 손쉽게 만들어 낼 수 있는 것이다.

고고학의 가장 기본적 방법인, 비슷한 유물들을 같이 묶어서 배열하는 형식학도 AI로 대체하는 것이 예상 가능하다. 딥 러닝Deep Learning으로 이제까지 발견된 모든 유물과 발간된 보고서를 학습한 AI가 갓 발견된 유물을 비교하고 분석한다면 어떨까? 지금도 구글에는 비슷한 이미지를 자동으로 모아서 보여 주는 기능이 있는데, 그 알고리즘에 고고학적인 원칙을 조금만 더 가미하면 고고학자의 직감을 넘어서는 결과를 얻는 것도 가능하다.

몇 년 뒤의 발굴 작업을 생각해 보자. 발굴과 보고서 작성의 과정은 AI와 보조를 맞추어서 인간의 작업을 최소화하는 단계로 진행될 것이다. 현장에서 발굴을 하면 고고학자들은 태블릿 PC나 스마트폰에 층위적 정보를 클릭하고, 적외선·접사 카메라 등을 이용한 정밀 촬영으로 층위를 구분한다. 그 자료를 전송하면 기존에 보고된 사진과 도면을 딥 러닝한 AI가 그 유물의 시대와 용도를 추정해 낸다. 그리고 기존 발굴 자료를 유추해서 전체 유적의 전모를 추정해 아직 발굴되지 않은 유적의 현황을 예측할 수도 있다. 물론 이런 방법이 제대로 적용되려면 AI의 작업에서 나타난 오차를 보정하는 시간이 제법 많이 필요하다.

그러면 고고학자의 입지는 줄어들 것인가? 아니다. 반대로 고고학자로서의 안목과 식견이 더욱 많이 필요한 시대가 되기 때문에 진정한 고고학의 황금기가 도래할 수 있다. 이제까지 고고학자들은 대부분의 시간을 현장에서 기초자료를 정리하는 데 소요했다. 지금도 고고학자들은 현장에서 발굴을 하면서 유물을 정리하고 도면화하는 데 많은 시간을 보낸다. 이러한 과정을 줄인다면 고고학자들은 본연의 목적인 '과거의 유물을 통해 사람의 본질을 연구하는 것'에 더 집중할 수 있다.

지난 1950년대 방사성탄소연대법이 개발되기 이전 서양에서도 고고학자들은 각종 유물들을 상호 비교하면서 편년(고고학적 자료들을 시간의 선후로 배열하고 연대를 부여하는 것)을 하는 복잡한 상대편년에 많은 시간을 보냈다. 하지만 방사성탄소연대법이 널리 도입되면서 고고학자들은 복잡한 형식학 대신 다양한 고고학적 방법을 개발하고 도입하기 시작했다. 1960년대 이후 고고학계에 등장한 새로운 연구 방법론인 '과정고고학'도 바로 방사성탄소연대법이 등장해 고고학자들이 단순 작업에서 해방됐기 때문에 가능했다.

고고학이 지닌 경제 규모는 매우 크다. 우리나라의 경우 매년 건설에 따른 구제발굴의 총액이 수천억대에 이른다. 앞으로 남북통일이 이뤄져 북한에 엄청난 건설 사업이 필요하게 된다면 수십 년간 수조원대의 발굴 사업이 매년 진행될 수도 있다. 한참 경제개발 중인 러시아, 중국, 중앙아시아 등 유라시아의 신흥경제대국들에서도 문화재 발굴이 이어지고 있다. 그러니 굳이 한국이 아니라도 세계 고고학에서 AI가 도입될 날은 머지않았다.

19세기 서양 제국주의가 사방에 식민지를 건설하면서 시작된,

약탈하는 고고학의 열풍은 '인디애나 존스'와 같은 기형적인 영웅을 만들어 냈다. 20세기 한국을 포함한 유라시아 각국은 민족주의를 앞세워서 자국 역사의 위대함을 발견하는 데 고고학을 이용했다. 그리고 21세기 디지털 사회로 재편되며 고고학은 또 한 번의 탈바꿈을 예고하고 있다.

조상의 과거를 알고자 하는 호기심과 인간 자체에 대한 탐구 정신이 있는 한 고고학은 계속 발전할 것이다. 아무리 현대 과학이 진화한다고 해도 흙 속에서 자기 손으로 유물 한 조각을 찾아내는 기쁨, 그리고 그 순간 고고학자가 느끼는 과거와의 소통은 무엇과도 바꿀 수 없기 때문이다. 인류가 멸망하지 않는 한 고고학은 계속된다.

2장.

고고학자
열전

무협지 영웅이 되어 버린
알타이·몽골의 최초 기록자
구처기

알타이와 몽골의 초원 고고학에 대한 최초의 기록을 남긴 사람은 누구일까? 그는 엉뚱하게도 김용의 무협지 《사조영웅전》, 《신조협려》의 캐릭터로 유명한, 장춘진인^{長春眞人}이라고도 불렸던 도사 구처기였다. 그는 산둥성 일대에서 활동하던 도교의 도사로서 1219~1222년 사이에 칭기즈칸을 만나기 위해 중앙아시아의 사마르칸트를 거쳐 아프가니스탄 근처까지 여행하고 그 기록을 남겼고, 그중에는 몽골과 알타이의 역사와 고고학적 자료에 대한 기록도 있다. 무협지의 주인공으로만 과장되게 묘사된 사람인 줄 알았더니, 사실은 그게 아니었다.

그가 활동했던 시절 이전에 이미 중앙아시아를 거쳐 인도로 구법의 길을 떠난 사람으로 혜초나 현장 같은 인물이 있으며, 혜초의 《왕오천축국전》이나 현장의 《대당서역기》와 같은 기록도 있다. 하지만 구처기의 길은 다른 구법승의 길과는 사뭇 다른 정치적인 의도가 있었다. 당시 중국과 그 주변은 발흥하는 몽골과 함께 금과 남송이 서로 겨루는 형국이었고, 칭기즈칸의 몽골 제국이 세계를 제패할지는 아직 불확실한 시점이었다. 이때 칭기즈칸은 당시 널리 유행한 도교의 진인으로부터 나라를 다스리는 지혜를 구하고자 장춘진인을 사마르칸트로 초청했다.

당시 장춘진인은 자기가 살던 산둥성의 액현에서 출발해서 연경(북경), 장가구, 몽골 그리고 알타이를 거쳐 중앙아시아까지의 험난한 일정을 소화했다. 물론 당시 몽골 제국에서 그런 장거리 여행이라면 부지기수였을 것이다. 하지만 장춘진인은 가는 곳곳의 풍경들, 심지어는 신기하게 보였던 몽골인의 풍습들도 자세하게 기록했다.

그는 1219년 12월에 고향을 출발해서 1220년에 몽골 고원과 알타이, 중앙아시아 일대를 돌아다녔다. 그 후 1222년 4월에 힌두쿠시 산맥을 지나 아프가니스탄 근처에 입성, 칭기즈칸을 만났다. 이후 그해에 모두 세 차례에 걸쳐서 칭기즈칸을 만나 나라의 경영에 대한 조언을 했다. 이때 그들의 대담은 《현풍경회록》에 남아 있다.

이 책에는 나라를 다스리기 위해서는 3년의 세금을 면하는 등

'경천애민' 할 것이며 지나친 살육을 금지할 것 등 장춘진인의 조언이 수록되어 있다. 칭기즈칸은 세계적인 제국으로 나아가기 위해서는 초원의 국가 체제만으로는 부족하다는 점을 느끼고 있었을 것이니, 장춘진인의 조언은 어쩌면 이후 몽골이 유목과 정착 세계를 아우르는 거대한 제국으로 나아가는 기틀을 세우는 데 일조했다고 보아도 크게 틀리지 않을 것이다.

장춘진인은 18명의 제자와 동행했는데, 그중 이지상은 여정을 자세히 기록해서 《장춘진인서유기》를 남겼다. 이 책에서는 생생한 필체로 당시 몽골과 중앙아시아의 자연과 지리 상황에 대해 전하고 있어 무척 귀중한 자료의 역할을 하는 듯하다. 몽골 일대를 여행하며 옛 성터를 보고는 거란 문자가 새겨진 토기편으로 거란의 성임을 안다든지, 초원의 풍습과 자연환경이 어떠한지 등을 기록한 박물학적 기록이다. 알타이 지역에서는 그 동북 지역 산악을 통과해서 가는 길이 기록되었다.

일반 사람들에게는 비슷해 보일지 모르지만 원래 동서 교류의 루트는 실크로드가 아니라 실크로드에서 더 북쪽에 있는 루트로, 험준한 고원을 통과하는 초원 지역으로 이어지는 길이었다. 그런 점에서 알타이와 몽골 초원에 대한 귀중한 기록을 담고 있는 《장춘진인서유기》는 혜초나 현장의 기록에 뒤지지 않는 가치를 지녔다.

구처기가 중앙아시아로 떠날 때는 이미 일흔이 넘은 나이였으니 어쩌면 목숨을 건 여행이었는지도 모른다. 그의 노력으로 몽골은 세계를 제패하는 제국으로 거듭났고, 그가 밝혀낸 몽골과 알타이에 대한 기록 또한 값진 것이니, 그의 공로가 재평가 받아야 마땅하지 않을까.

| 구처기와 칭기즈칸의 만남을 담은 상상도.

유라시아를 집대성한
백과사전 편찬자
니콜라스 위트센

17세기 이후의 네덜란드라고 하면 일본의 난카쿠, 그리고 한국에서는 하멜 표류가 먼저 떠오른다. 그런데 네덜란드 영광의 대항해 시대에 서양에서 최초로 간행된 유라시아 관련 종합서인 《북동타타르지》는 그 중요성에 비해 알려진 것이 거의 없다.

17세기 말에 바닷길이 아니라 한국을 포함한 유라시아 일대의 역사와 민족에 대한 기록들을 체계적으로 집대성한 니콜라스 위트센(1641~1717, 문헌에 따라서는 니콜라스 비트젠, 니콜라스 빗선이라고도 한다)은 네덜란드의 부유한 사업가의 아들로 태어나 어려서부터 영국, 러시아 등 각국을 돌아다니며 경험을 쌓았다. 이후 라이덴 대학에서

법률을 전공했지만, 자신의 재능이 그림과 지도 등에 있는 것을 알고 평생 지도 제작과 선박사 연구에 종사했다.

또한 행정가로서도 크게 성공하여 암스테르담의 시장을 열세 번이나 역임했다. 지금도 암스테르담에는 그의 이름을 딴 니콜라스 위트센 거리와 호텔이 있고, 위트센재단이 20년째 활동하며 러시아를 비롯한 동구권과 유라시아 연구를 지원하고 있다.

그가 시베리아와 동북아시아에 관심을 본격적으로 가지게 된 것은 러시아와 인연을 맺으면서이다. 1664~1665년에 러시아 대사로 방문했을 때 박물학적인 조사를 하며 표트르 대제의 친한 친구로 지냈고, 이 책도 그의 후원으로 만들었다고 한다.

위트센이 모스크바에 도착했을 당시는 유라시아 곳곳의 정보가 속속들이 들어오던 시점이었다. 그리고 네덜란드도 대항해 시대를 갓 열고 동남아시아와 중국에 대한 정보를 입수하던 시점이었다. 17세기 말 세계의 모든 정보는 네덜란드가 장악하고 있었고, 니콜라스 위트센은 그 정점에 있던 사람이었다. 암스테르담 시장으로서 이 모든 정보를 쉽게 접할 수 있었던 위트센은 수십 년에 걸쳐 자료들을 수집하고 집대성한 《북동타타르지》를 1692~1705년, 13년에 걸쳐서 증보하여 간행했다.

《북동타타르지》는 크게 37개의 장으로 나누어 당시까지 모은 각 지역의 민족과 민속에 대한 자료를 정리해 놓았다. 1장은 여진으로 시작해서 마지막은 사모예드(시베리아 원주민)로, 지역적인 것을 고려한 배열은 아닌 듯하다. 한국은 2장으로 배치가 되었다. 아마 여진이 가장 먼저 배치된 것은 타타르로 대표되는 유라시아의 패권자가 바로 청나라였기 때문인 것 같다(타타르는 서양에서 몽골족, 투르크계 민족을 아울러 지칭하던 말이다).

《북동타타르지》의 또 하나 장점은 생생한 세밀화에 있다. 위트센은 근대 계몽시대의 여러 지식인과 마찬가지로 박물학적 지식을 선호했고, 특히 그림에 재능을 보여서 다양한 그림을 그렸다. 《북동타타르지》에는 27개의 지도, 28개의 도시, 8명의 위인 초상화, 5개의 역사적 사건도, 16점의 다양한 언어로 기록된 문서의 모사도, 19개의 유물도, 16개의 자연생물도, 19개의 민속도 등이 포함되었다.

이 그림 중에는 관계가 없는 지역(예컨대 그리스)이나 각지에서 수집한 골동품의 그림 등, 본문과 꼭 연관이 없는 것들도 다수 포함되어 있다. 이는 위트센이 본문을 위한 삽화가 아니라 독자적으로 자신이 표현하고 싶어 하는 세계 풍물의 여러 모습들을 담아냈기 때문이다. 즉 《북동타타르지》는 위트센이 일생 동안 모았던 유라시아를 중심으로 하는 텍스트와 도면들을 한데 담아 놓은 것이다.

그의 책은 세 번에 걸쳐 증보 간행되었는데, 그의 생전에 두 차례에 걸쳐 나왔고, 마지막 판은 그의 사후에 다시 자료들을 모아서 낸 것이다. 그 와중에 새롭게 추가되거나 빠져 버린 도면들이 많이 나오게 되었다. 그가 1709년에 친구인 히즈버그 쿠퍼에게 보낸 편지를 보면, 이미 화가에게 수천 굴덴의 돈을 지불했지만 일이 진척되지 않는다고 불평하면서, 미리 선금을 주었기 때문에 다른 화가한테 맡길 수도 없다고 한탄하는 내용이 있다. 도면 중 일부는 위트센의 사인이 없는 것으로 보아 아마 그가 나이 먹어서 다른 화가에게 그림을 부탁한 것으로 보인다.

위트센은 말년에 돈으로 고통을 많이 받았고, 그가 생전에 모아 놓은 수많은 골동품과 《북동타타르지》의 그림들은 경매에 붙여졌다. 경매품을 확인하는 과정에서 《북동타타르지》에 수록된 그림들이 실제로 그가 모은 골동품의 그림들임이 밝혀져 그 연구의 신뢰성이 더 높아질 수 있었다. 여하튼 사후에 나온 3판에는 42개의 그림이 추가되었으니, 그가 생전에 그리 욕하고 닦달했던 화공이 결국은 약속을 다 지킨 듯하다. 수록된 도면들의 높은 수준을 보니 화공들이 꽤 고생했을 것 같다.

물론 위트센이 직접 북동 유라시아를 다녀온 것은 아니었기에 자신이 직접 수집한 유물과 다른 자료와 기록들을 바탕으로 직접 그리거나 화공에게 부탁한 것이다. 다른 사람의 도면을 받거나 참조한 경우도 그는 자신이 알고 있는 정보들을 추가로 보강하여 자신만의 스타일로 다시 그려 냈다. 그래서 133장의 도면에 표현된 전 유라시아의 모습들은 서로 양식적으로 유사하고 일관되게 보인다. 즉 위트센의 그림은 단순한 모사를 넘어 18세기 서양 사람들이 알고 있던 동아시아와 시베리아에 대한 인식을 고스란히 담아낸 수작이라 할 수 있다.

Verscheyde gedaantens van de wortel Nisi.

| (위)니콜라스 위트센의 초상화. (아래)조선에 대한 유일한 삽화인 조선의 인삼 그림. 위트센은 조선의 인삼을 일본, 중국, 시베리아 등을 통해서 입수했고, 의사였던 요안 브레인에게 전했다고 한다. 브레인은 이 인삼을 주제로 논문을 작성했다고 한다.

진실은 유물에 있다

비파형동검을 연구하고
홀연히 사라진 고고학자
진펑이

고조선 하면 흔히 비파형동검을 떠올린다. 그런데 고조선과 관련된 비파형동검을 중국에서 본격적으로 연구했던 연구자가 있으니, 그의 이름은 진펑이靳枫毅이다.

진펑이는 중국 내에서 비파형동검 연구를 본격적인 궤도에 올려 놓은 사람이다. 1944년 따리엔에서 태어나서 베이징 대학 역사학과에서 고고학을 전공했다. 하필 졸업할 즈음에 문화혁명의 광풍이 중국을 휩쓰는 바람에 제대로 된 직장을 구하기는커녕 요서지방의 중심인 차오양시 박물관으로 하방下方(지식인들을 변방의 노동직으로 보내는 일) 당해서 10여 년간 고초를 겪었다. 하지만 그는 자신의 불행을

극복하고 오히려 당시만 해도 변방이던 랴오닝 일대를 다니면서 비파형동검 자료들을 모았다. 그리고 문화혁명이 끝난 직후인 1978년에 곧바로 동북지역 고고학의 창시자인 동주천의 지도로 사회과학원 석사과정에 입학했고 1981년에 석사과정을 졸업했다.

그가 석사학위 논문으로 제출한 논문이 바로 중국 동북지방의 비파형동검 문화에 대한 것이었고, 이후 중국을 대표하는 고고학 잡지인 《고고학보》에 두 차례에 걸쳐 소개되었다. 한 번도 싣기 어려운 《고고학보》에 두 번에 걸쳐 석사 논문이 나온 예는 진평이가 전무후무하다. 그의 논문은 곧바로 일본어로 번역되었고, 한국에도 소개되어 1980년대 고조선 연구에 큰 영향을 미쳤다.

나도 석사과정 연구 주제를 비파형동검으로 삼았기에 그의 논문을 손에서 놓은 적이 없을 정도로 수십 번 읽었다. 그는 드물게 문화혁명이라는 어두운 시기의 하방을 적절하게 자기 공부로 승화시킨 예이다. 2012년 베이징대에 방문교수로 있을 시절, 백방으로 그의 석사논문을 찾았다. 기념비적인 논문의 원본을 직접 보고 싶었기 때문이다. 하지만 학문의 체계가 제대로 되어 있지 않던 시절인지라 논문은 남아 있지 않았다.

그런데 아쉽게도 진평이는 이후 더 이상 비파형동검에 대한 연구를 진행하지 않았다. 1985년 그는 사회과학원을 그만두고 베이징

진실은 유물에 있다

시 문물고고연구소로 옮겼는데, 주로 베이징 일대를 발굴하는 것이 업무인지라 머나먼 동북지역에 대한 연구를 계속하기 쉽지 않았기 때문이다.

이후 그는 연구 주제를 유목문화로 바꾸어 베이징 북쪽의 휴양지로 유명한 룽칭샤 근처에서 유목민들의 유적인 위황무 유적을 발굴했다. 1985~1992년에 350여 개의 무덤을 파고, 15년의 정리 기간을 거쳐서 2007년에 정식 보고서가 나왔다. 장기간의 정기 과정을 거쳐서 비로소 보고된 이 무덤 자료는, 치밀한 유물 분석이 인상적이었다. 비파형동검에 대한 그의 연구 성과가 결코 우연이 아니었던 것이다.

고조선 대신 그의 연구가 빛을 발한 분야는 바로 중국의 근대 유적이었다. 그는 2000년부터 은퇴한 2004년까지 베이징을 대표하는 문화유적인 원밍위안(원명원)의 정비와 발굴을 맡았다. 그가 이루어 낸 원밍위안의 복원은 베이징의 문화재 복원 중 가장 성공적인 사례로 꼽힌다.

중국 내에서는 변방에 불과한 동북지역을 전공한다는 것이 쉽지는 않았을 것이다. 하지만 그가 계속 고조선과 비파형동검을 전공했다면 하는 아쉬움이 많이 남는다.

진평이와는 2008년 오르도스에서 열린 청동기 학술대회에서 만난 적이 있다. 수많은 중국 학자들 중에서 그의 모습이 그렇게 도드라지는 것은 아니었다. 하지만 그의 이름을 발견한 순간 나는 가슴이 터질 것 같았고, 그에게 동검을 전공한다고 소개하고 한참을 환담했다. 잠시 후 사정을 알게 된 수많은 한국과 일본의 학자들이 그를 둘러싸고 인사를 한다고 정신이 없었고, 중국 학자들은 영문도 모른 채 우리의 모습을 신기하게 바라보았을 뿐이다.

진펑이 이후 1990년대 비파형동검 연구는 침체기에 접어들었고, 이후 동북공정의 여파로 고조선이나 고구려를 전공하는 사람이 매우 적어졌다. 진펑이의 연구는 발표된 지 30년이 지난 지금 보아도 여전히 매력적이다. 그가 꾸준히 사회과학원에 있으면서 제자들을 양성했다면 동북지방 청동기 시대에 대한 연구는 한 단계 올라갔을 것이라는 생각을 해본다.

| 2008년 오르도스 학술대회
에서 만난 진펑이(왼쪽)와
필자.

진실은 유물에 있다

고구려 전공한
러시아의 숨은 장미
로자 자릴가시노바

지난 몇 년간 우리나라에서 고구려는 동북공정으로 대표되는 역사 갈등의 상징이었다. 고구려사를 중국사의 일부로 보려는 시각과 달리 러시아 학계는 일관되게 고구려를 한국사의 일부로 간주한다. 그 배경에는 바로 20세기 중반 소련 시절에 한국의 고대사를 전공하던 여러 학자들이 있었기 때문이다. 특히 고구려의 역사와 고고학을 전공했던 로자 자릴가시노바 여사의 역할이 컸다.

자릴가시노바 선생은 1931년 모스크바에서 태어났으며, 러시아 모스크바 대학교에서 한국학을 전공한 미하일 박 교수의 영향으로 고구려를 전공하게 되었다. 그녀는 러시아 어머니와 카자흐스탄

아버지 사이에서 태어났다. 아버지는 그녀가 열네 살이 되던 해 2차 대전에 참전했다 전사했다. 왜 아무도 하지 않는 한국학을 전공하게 되었는지, 왜 그 가시밭길을 갔는지 물어보니, 어려서부터 주변에 한국인(고려인) 친구들이 많았던 탓에 그들의 역사에 대한 관심이 많았다고 한다. 학창 시절부터 역사를 좋아했는데, 때마침 당시 젊은 조교수였던 미하일 박의 열정적인 강의에 감동받아 그 순간 자신의 일생을 결정했노라고 회상하곤 했다.

대학 졸업 후 곧바로 러시아과학원에서 대학원을 다녔고, 러시아과학원 민족학연구소에 들어가 평생을 근무하며 한국사 연구자들을 양성했다. 1972년 출판된 대표 논문《고대 고구려인-한민족의 민족사적 관점에서》는 고구려 벽화에 남은 다양한 이미지들을 분석하고 한국사에 고구려가 미친 영향을 다룬 것이다. 화려한 벽화와 그 뒤에 숨어 있는 고구려인의 역사를 시적인 표현을 곁들여 가며 유려한 필체로 써 내려갔다.

목차를 보면, 프롤로그(부활하는 벽화), 1장 수백 년간 덮인 진주 같은 니트(광개토왕의 비석과 안악의 벽화분), 2장 위대한 제국의 봄과 가을(고구려 국가의 기원), 3장 고구려인의 기원(태양과 달의 아들), 4장 경제와 물질문화(오곡과 말의 머리를 한 흑룡), 5장 정신문화(검은 황새의 류트와 북두칠성), 에필로그(한국 민족사 속에서 고구려인의 역할)로 구성되어 있다.

진실은 유물에 있다

이 밖에도 100여 편의 한국학 논문을 썼는데, 자릴가시노바의 또 다른 전공이 있으니 바로 현대 고려인의 민속 연구이다. 그녀는 1959년 6~7월에 고려인 국영농장(솝호즈) 라우샨에서 그들과 어울려 살면서 민속 조사를 했다. 후에 그녀는 그때의 일을 자신의 인생에서 가장 소중했던 경험으로 꼽았다. 이후 1991년까지 기회만 되면 중앙아시아 곳곳에 살던 고려인들을 조사하고 풍부한 자료를 남겼다.

내가 자릴가시노바 선생님을 처음 뵌 것은 1996년 12월 모스크바의 한국학대회에서였다. 작은 편인 체구에 열정이 넘치는 모습이 인상적이었다. 당시 참석했던 한국 학자들의 불친절하고 거만한(?) 태도와는 반대로 선생님은 한국 학자 한 사람 한 사람의 발표에 여러 도움을 주려고 노력하셨다. 내가 기억하는 자릴가시노바 선생님은 대학원생 하나하나에 관심을 기울이며 그들에게 힘을 주려 한 진정한 스승의 모습이었다. 학자 중에 연구자형이 있고 교육자형이 있다면, 그녀는 단연코 교육자형에 가까웠다.

한국에서는 2000년대 초 동북공정의 여파로 고구려사를 한국사의 일부로 보는 연구자로 그녀의 이름이 잠깐 거론된 적이 있었다. 한국과 중국의 역사 갈등에서 한국 손을 들어 주는 러시아 학자 정도로 피상적으로 이해했을 뿐이다.

자릴가시노바 선생님의 이름은 장미라는 뜻의 '로자'이다. 그야말로 고구려 연구의 숨겨진 장미꽃처럼 살아왔다. 소련 시절 한국 고대사와 고고학을 연구한 것으로 유명한, 고조선 연구자 부쩐과 함께 처음이자 유일했던 고구려 연구가였던 자릴가시노바 선생님이 지난 2017년 1월 3일에 87세를 일기로 별세했다는 소식을 들었다.

사실 자릴가시노바 여사는 러시아 내에서도 소외 학문인 한국학을 평생 하면서 제대로 된 연구비 지원이나 혜택을 받지 못했다. 한국에 대한 열정으로 평생을 조용히, 하지만 가치 있게 살아온 여사의 일생을 잠시 생각해 본다.

| 자릴가시노바 여사의 책 《고대 고구려인》 표지.

진실은 유물에 있다

고조선에 미친
이국의 학자
유리 미하일로비치 부찐

1970년대 남한에서는 고조선의 실체에 회의를 품는 사람이 많았고, 변변한 전공자 하나 없었다. 고조선 자체를 인정하지 않으려는 일본 학계의 영향을 받은 강단사학과 민족주의에 경도되어 구체적인 증거 없이 고조선의 실체를 주장하려는 재야사학계가 소모적인 논쟁만 되풀이하고 있었다.

이때 고조선에 미쳐서 북한, 중국의 고고학 자료와 역사 자료를 두루 섭렵한 러시아인이 있었다. 그의 이름은 유리 미하일로비치 부찐이다. 그는 동방학 하면 중국이나 일본을 생각하던 당시에 놀랍게도 한국의 고대사를 전공했고 그중에서도 고조선에 미친 사람이었다. 부쩐이 한국사를 접하게 된 것은 그의 출생 배경과도 관련이 있다. 중앙아시아에서 살던 그는 당시 그 지역으로 이주한 고려인들과 자연스럽게 어울렸고, 그 과정에서 한국어, 중국어, 일본어 그리고 한문을 습득할 수 있었다. 거기에다 학교에서 배운 불어마저도 능통했다고 한다.

그는 원래 경제학 전공이었는데, 그의 탁월한 언어적 능력을 알게 된 고고민족학 연구소의 오크라드니코프 소장이 한국을 비롯한 아시아 여러 나라의 고고학 자료를 여러 언어로 번역해 줄 것을 부탁했고, 점차 고조선의 매력에 푹 빠지게 되었다. 당시 한국에 대한 인식이라고 해봤자 북쪽은 소련, 남쪽은 미국의 위성국가이며 그 문화도 대략 중국과 일본의 중간 정도일 거라는 생각이었다. 이런 상황이니 기원전 7~2세기에 중국과는 별도의 문화와 국가가 만주~한반도에 존재했다는 그의 연구가 돋보일 수밖에 없었다.

부쩐의 연구는 지금 보아도 놀랍다. 고고학을 체계적으로 공부한 사람이 아니기 때문에 자신의 학설이나 독창적인 내용은 많지 않다. 하지만 고조선의 국경, 수도의 위치 등 한국 사람이 읽어도 잘 이해가 안 갈 법한 내용들을 거의 완벽하게 이해하고 있었다. 그는 1982년에 《고조선》을, 1985년에 《삼국 시대》라는 책을 내고는 아쉽게도 고고학계에서 사라졌다. 1980년대 한국이라는 작은 나라의 고고학을 하는 것만으로는 한계를 느낀 모양이다. 이후 그는 이르쿠

진실은 유물에 있다

츠크로 이사해서 본업인 경제학을 다시 전공해 대학의 경제학부장까지 맡는 등 경제학자로서 성공했다.

우리는 외국 사람이 우리 역사를 연구한다고 하면 뭐 얼마나 알겠는가 하고 얕보는 경향이 있는 것 같다. 20여 년 전에 한 한국학 학술대회에 참석한 적이 있었다. 당시 훈민정음을 연구하던 러시아 노학자의 발표에 대해 한 한국인 교수가 왜 '음양陰陽'을 '인양'으로 하는가, 한문을 제대로 모르면서 한국학을 할 수 있는가 따지듯이 묻는 게 아닌가. 척박한 러시아에 한국학을 심으려고 평생 노력한 그 러시아 교수는 기가 막혀서 떠듬떠듬 한국말로 답변을 했지만 제대로 전달은 안 되었다. '음양'을 '인양'으로 한 것은 러시아어 표준어가 '인양'이기 때문이었다. '풍수'도 러시아 표준어로는 '펀슈이'가 되는 것처럼 말이다.

학술대회 내내 러시아 학자들을 아랫사람이나 대학원생 대하듯 하는 한국 학자들을 보면서 마음이 많이 아팠다. 외국에 한국학 전공자가 너무 적은 이유 중 하나가 외국 학자의 연구를 쉽사리 받아들이지 못하는 우리의 풍토에도 있는 것 같다. 우리나라의 서양사학회에 유럽 사람이 와서 유럽을 알고나 하는 소립니까, 한 적이 있던가? 한국학이 얼마나 우물 안 개구리식이었나 보여 주는 예였다. 특히 소련 시절 한국 같은 약소국을 연구하는 것에는 대단한 용기가 필요했다. 그 연구자들은 평생 자기 나라에서도 제대로 된 대접을 받지 못하고 한국에서도 지원이 거의 없으니 오로지 학문에 대한 열정으로만 연구한다.

부찐은 북한뿐 아니라 남한의 연구에 대한 관심도 높았고, 무엇보다 고조선을 확고하게 한국의 역사로 보았다는 점을 높이 사고 싶다. 그는 사서에서 중국에 대항하는 위만조선의 모습을 자세하게 묘사했다. 그의 책은 러시아를 비롯한 동구권의 한국 고대사를 대표하는 저작이 되었다. 고조선이 한국의 역사라는 것을 러시아 사람들이 전혀 의심하지 않는 것도 결국 부찐의 저작 덕분이다.

| 부찐의 책 《고조선》 표지.

진실은 유물에 있다

조지 워싱턴이
트라울을 손에 든
까닭은?

세계적으로 음모론의 주요 표적이 되는 것 중 프리메이슨이 있다. 이 프리메이슨이 비밀리에 운영되며 보이지 않는 힘으로 세상을 움직인다고 믿는 사람도 있지만, 공식적으로 프리메이슨임을 자처하며 자신의 활동을 널리 홍보한 사람도 적지 않다. 미국 초대 대통령인 조지 워싱턴이 그러한 경우다. 그는 거의 무학에 가까운 학력이었지만 특유의 성실성으로 대통령에 올랐고, 기술과 과학의 의미를 상당히 중요시했다. 그래서인지 프리메이슨 조직을 공식적으로 인정하고 활용하며 그 조직의 확산에 많은 공헌을 했다. 흔히 프리메이슨의 상징으로 호루스의 눈과 측량기인 컴퍼스가 널리 알려져 있다.

프리메이슨은 원래 석공들의 회합에서 유래한 것이다. 일반인들은 알 수 없는 측량과 건축 기술로 건물의 조화를 추구하고 보이지 않는 비례의 숫자를 숨겨 놓는 것이 다반사였으니, 그들만의 비밀스러운 힘의 원천은 바로 컴퍼스와 측량기에 있었다고 해도 과언이 아니다.

그런데 조지 워싱턴이 프리메이슨의 일원임을 자랑스럽게 공표하는 초상화에는 이 두 가지 상징은 보이지 않고 고고학자의 상징인 트라울trowel(흙손)이 들려 있다. 미국 건국 초기의 프리메이슨이 '노가다'들의 전유물인 흙손을 신성시한 이유는 무엇일까.

트라울은 사실 정원에서 쓰는 꽃삽류를 통칭한다. 그런데 조지 워싱턴이 들고 있는 것은 흙손 중에서도 벽돌장이나 미장공이 쓰는 것이다. 끝이 뾰족하고 다이아몬드 모양의 평평한 판으로 되어 있어서 벽을 다듬거나 시멘트를 얹어서 바르기 편하게 되어 있다. 고고학계에서 주요한 개인 도구로 바로 이 트라울을 쓰기 때문에 지금은 고고학자들의 상징처럼 되어 있다.

20여 년 전 내가 대학에 다닐 때만 해도 발굴장에서 트라울은 정말 구하기 어려운 연장으로 '신분의 상징' 같은 것이었다(측량기는 가장 값비싼 도구로 '짬밥'이 되지 않으면 제대로 만져 보지도 못하는 귀중품이었다). 당시 미국에 유학하거나 다녀온 고고학자들이 트라울을 한두 개 가져오면 그것을 신주단지 모시듯 뒤춤에 꽂아 두었다가 아주 중요한(!) 상황에서만 꺼내어 긁어 보던 선배 학자들이 기억난다. 대학마다 명칭도 달라서 '스크래퍼', '포인트'라고 부르던 사람도 제법 있었다. 이랬던 트라울은 최근 한국 고고학의 발전과 값싼 중국산의 등장으로 10~15달러의 저렴한 가격에 쓸 수 있는 흔한 도구가 되었다.

사실 트라울은 미국과 영국에서만 쓰이는 발굴 도구였다. 미국에서는 '마샬타운' 상표의 트라울을 애용하지만, 영국 고고학자들은 4인치로 다소 작지만 날이 좀 더 두껍고 단단한 WHS 트라울을 쓴다. 사실 트라울은 미국에서 고고학을 공부했음을 상징적으로 보여주는 물건으로 한국에도 소개되기 시작했으며, 마찬가지로 소련이나 중국에서도 개방 이후에 본격적으로 유행하고 있다. 하지만 이전에도 각 나라들은 꽃삽이나 호미류를 개량해서 자신들만의 토양에 맞는 기구들을 개발해 쓰고 있었다. 일본은 호미를 가공한 '가리'를 많이 쓰는데, 길쭉해서 층위를 긁거나 할 때 편리하다. 나도 개인적으로는 트라울보다 꽃삽을 더 선호한다. 5인치짜리 미제 트라울은 너무 큰 데다 날이 얇고 잘 휘어져서 모래땅인 경우는 괜찮지만 돌이 많은 한국 지형에서는 불편하다고 느껴서이다.

트라울이 미국 초창기 프리메이슨의 상징이 된 것은 새로운 국가를 건설하는 당시 상황이 잘 반영된 것이다. 허허벌판인 미 대륙에 건물을 짓고 도시를 만들기 위해서는 건축 기술이 절대적으로 필요했을 것이다. 당시 국가를 건설한 사회 지도층 중 상당수가 프리메이슨 단원이었고 그들이 초기 미국 고고학에도 주로 종사했으니 그들이 사용했던 트라울이 고고학을 상징하는 도구가 된 것이다.

| 트라울을 손에 쥔 조지 워싱턴.

진실은 유물에 있다

흔히 고고학이라면 전시실의 찬란한 황금을 떠올리지만, 정작 대부분의 고고학자들은 땅속에서 산산 조각난 토기 조각을 닦고 맞추는 데 대부분의 시간을 보낸다. 전시실 구석에 초라하게 있는 토기 한 점이라도 그 뒤에는 그 위치를 세심하게 기록하고 연구실로 가져온 후에 흙을 제거하고 일일이 조각을 맞추어서 하나의 그릇으로 복원한 고고학자의 끈기와 노력이 숨어 있다.

고고학의 목적은 보물찾기가 아니라 다양한 시간과 공간 속에서 살았던 사람들의 모습을 밝히는 데 있다. 고고학자들이 평생을 흙구덩이에서 토기 조각을 찾아 솔질을 하면서 기뻐하는 이유는 바로 과거 사람들의 모습을 느낄 수 있기 때문이다. 토기 조각 하나하나가 모여서 그릇이 맞추어지고 그 유물들이 모여서 과거의 모습이 완성된다.

심지어 찬란한 황금 유물도 조각난 보물들을 하나로 잇는 사람들의 노력이 있어야 존재할 수 있다. 올해 상반기 국립중앙박물관과 국립경주박물관에서 열린 아프가니스탄 황금 유물전에 세계적인 황금 보물인 틸리아 테페의 유물 2천여 점이 전시되었다. 일반인들은 화려한 유물에 압도되어 지나치겠지만, 사실 이런 전시회가 이루어진 데는 이 유물들을 온전히 꺼내서 우리 품으로 가져온 고고학자들의 노고가 숨어 있다.

틸리아 테페를 발굴한 러시아 고고학자 빅토르 사리아니디 (1929~2013)는 평생을 중앙아시아의 모래바람을 견디며 실크로드의 유적을 발굴해 온 고고학자였다. 그는 틸리아 테페 유적에서 조로아스터교(배화교)의 유적을 발굴하다 우연히 황금 무덤을 발굴하는 행운을 맛보았다. 하지만 중앙아시아에서 겨울을 지내 본 사람들이라면 그 차디찬 모래바람을 견디며 수 천 점의 금 부스러기를 모아 일일이 기록한다는 것이 얼마나 힘든 일인지 알 것이다. 게다가 황금 유물은 대부분 얇게 금박을 입히거나 자잘한 알갱이를 붙인 것들이어서 붓질을 조금만 세게 해도 바스러지기 십상이다. 그는 혼신의 힘을 다해 황금 부스러기 하나도 빠짐없이 고스란히 발굴해 냈고 일일이 복원을 했다.

더욱이 사리아니디는 자기가 발견한 황금 유물 자료를 전 세계에 알리고 어떠한 조건도 없이 그 유물을 모두 아프가니스탄에 주고 왔다. 이집트의 미라나 트로이의 황금 유물 같은 위대한 발굴품이 서양으로 반출된 것과는 너무나 대조적이다. 그럼에도 탈레반 시절에 유물이 사라지자 서방 사람들은 사리아니디가 훔쳐 갔다며 억울한 누명을 씌웠건만 그는 불평 한마디 없었다. 그리고 2003년 카불의 지하창고에서 틸리아 테페의 유물이 발견되자 70대 중반의 노구를 이끌고 다시 아프가니스탄으로 가서 유물을 감정하고, 자신의 모든 자료와 사진들을 아프가니스탄 관계자들에게 주고 홀홀히 떠나갔다. 돌아가시기 직전 인터뷰에서 틸리아 테페에 대해 묻자 "그런 상황이라면 어떤 고고학자라도 한 점이라도 잃지 않기 위해 최선을 다했을 것"이라며 손사래를 칠 뿐이었다.

한국에서도 40년 전 신안 앞바다에서 침몰선이 발견되었을 때 국내에서는 제대로 잠수를 해서 유물을 발굴할 사람이 없었다. 당시 급히 파견된 해군 해난구조대의 잠수 장교들은 자신의 몸을 아끼지 않고 파란 물속으로 뛰어들었다. 수중 발굴에 대한 지식은 거의 없었지만 오로지 유물에 대한 열정으로 수천 번을 잠수한 그들 덕에 신안의 유물들은 우리 품에 돌아올 수 있었다.

이렇듯 유물 속에 숨어 있는 과거의 진실이 보이지 않는 고고학자들의 노력으로 밝혀지듯이, 우리의 미래도 몇몇 권력가가 아니라 이 사회를 이루고 있는 우리 모두의 손에 달려 있다.

매주 토요일 수백만 개의 촛불이 모여서 하나의 목소리를 내는 광경은 마치 조각조각 파편이 되어 땅속에 묻혀 있던 토기 조각이 복원되어 하나의 거대한 역사를 보여 주는 과정과도 같았다. 역사의 진실은 이렇듯 화려한 황금이 아니라 사소해 보이는 토기 한 조각 한 조각에 숨어 있다. 진실은 유물에 있다.

다음 세대에 전하고 싶은 한 가지는 무엇입니까?

다음 세대를 생각하는 인문교양 시리즈 아우름

아우름 시리즈는 계속 출간됩니다.

아우름27

진실은
유물에 있다

1판 1쇄 발행 2017년 12월 27일
1판 4쇄 발행 2020년 6월 25일

지은이 강인욱
펴낸이 김성구

단행본부 류현수 고혁 현미나
디자인 이영민
제　작 신태섭
마케팅 최윤호 나길훈 김민지
관　리 노신영

펴낸곳 (주)샘터사
등　록 2001년 10월 15일 제1-2923호
주　소 서울시 종로구 창경궁로35길 26 2층 (03076)
전　화 02-763-8965(단행본부) 02-763-8966(마케팅부)
팩　스 02-3672-1873 **이메일** book@isamtoh.com **홈페이지** www.isamtoh.com

ISBN 978-89-464-2077-9　04900
ISBN 978-89-464-1885-1　04080(세트)

이 도서의 국립중앙도서관 출판시도서목록(CIP)은 e-CIP 홈페이지
(http://www.nl.go.kr/cip.php)에서 이용하실 수 있습니다. (CIP제어번호: CIP2017034841)

값은 뒤표지에 있습니다.
잘못 만들어진 책은 구입처에서 교환해 드립니다.